U0089492

古代歷史文化研究輯刊

三一編

王明蓀 主編

第26冊

清代篆隸名家風格新變研究（下）

陳秀雋 著

國家圖書館出版品預行編目資料

清代篆隸名家風格新變研究（下）／陳秀雋 著 -- 初版 -- 新
北市：花木蘭文化事業有限公司，2024〔民113〕
目 10+162 面；19×26 公分
（古代歷史文化研究輯刊 三一編；第 26 冊）
ISBN 978-626-344-678-6（精裝）
1.CST：書法 2.CST：研究考訂 3.CST：清代
618   112022537

ISBN-978-626-344-678-6

9 786263 446786

古代歷史文化研究輯刊
三一編　第二六冊　　　　　　ISBN：978-626-344-678-6

清代篆隸名家風格新變研究（下）

作　　　者　陳秀雋
主　　　編　王明蓀
總 編 輯　杜潔祥
副總編輯　楊嘉樂
編輯主任　許郁翎
編　　　輯　潘玟靜、蔡正宣　美術編輯　陳逸婷
出　　　版　花木蘭文化事業有限公司
發 行 人　高小娟
聯絡地址　235 新北市中和區中安街七二號十三樓
　　　　　　電話：02-2923-1455／傳真：02-2923-1452
網　　　址　http://www.huamulan.tw 信箱 service@huamulans.com
印　　　刷　普羅文化出版廣告事業
初　　　版　2024 年 3 月
定　　　價　三一編 37 冊（精裝）新台幣 110,000 元

清代篆隸名家風格新變研究（下）

陳秀儁　著

上 冊

第一章 緒 論 ……………………………………………… 1
　第一節 研究動機與目的 ………………………………… 1
　第二節 文獻探討 ………………………………………… 9
　第三節 名詞界說 ………………………………………… 13
　第四節 研究方法與範圍 ………………………………… 23
第二章 清代書學環境 ……………………………………… 35
　第一節 學術變遷 ………………………………………… 35
　　一、清代初期學術 ……………………………………… 35
　　二、清代中期學術 ……………………………………… 40
　　三、清代晚期學術 ……………………………………… 41
　第二節 政治因素的影響 ………………………………… 43
　　一、帝王本身對書法之愛好與提倡 …………………… 44
　　二、清朝的文字獄 ……………………………………… 47
　第三節 考據學的發展與影響 …………………………… 51
　　一、考據學發展的契機 ………………………………… 51
　　二、考據學的成就 ……………………………………… 54
　　三、考據學的缺失 ……………………………………… 54
　第四節 金石學興起 ……………………………………… 55
　　一、金石學興盛的原因 ………………………………… 56
　　二、金石學研究的特色 ………………………………… 57
　　三、金石學研究的成果 ………………………………… 58
　　四、金石學對書法的影響 ……………………………… 59
　第五節 碑學興起 ………………………………………… 62
　　一、碑學興起的原因 …………………………………… 62
　　二、清代碑學興起的意義 ……………………………… 64
　　三、碑學提倡對書法的影響 …………………………… 65
第三章 清初篆隸名家風格新變 …………………………… 69
　第一節 清初隸書先行者——鄭簠 ……………………… 70
　　一、鄭簠生平 …………………………………………… 71
　　二、學書歷程 …………………………………………… 72
　　三、作品分析 …………………………………………… 73

四、風格評價 ………………………………… 79

五、新變成就 ………………………………… 82

第二節 清初小篆第一的王澍 ………………… 84

一、王澍生平 ………………………………… 85

二、學書歷程 ………………………………… 85

三、書學主張 ………………………………… 87

四、作品分析 ………………………………… 91

五、風格特色 ………………………………… 98

六、新變成就 ………………………………… 99

第三節 以漆書揚名的金農 …………………… 101

一、金農生平 ………………………………… 101

二、學書歷程 ………………………………… 102

三、金農作品分析 …………………………… 105

四、風格形成與評價 ………………………… 114

五、新變成就 ………………………………… 117

第四章 清代中期篆隸名家風格新變 ………… 119

第一節 精通經學、說文的桂馥 ……………… 121

一、桂馥生平 ………………………………… 121

二、學書歷程 ………………………………… 124

三、作品分析 ………………………………… 125

四、風格特色評價 …………………………… 131

五、新變成就 ………………………………… 133

第二節 篆隸神品的鄧石如 …………………… 134

一、鄧石如生平與交友 ……………………… 135

二、學書印歷程與主張 ……………………… 137

三、作品分析 ………………………………… 140

四、風格評價 ………………………………… 151

五、新變成就 ………………………………… 157

第三節 集分書大成的伊秉綬 ………………… 159

一、伊秉綬生平 ……………………………… 160

二、學書歷程 ………………………………… 162

三、書學主張：求辣、尚拙 ………………… 165

四、作品分析 ………………………………… 165

　　五、風格特色與評價……………………………176
　　六、新變成就…………………………………178
　第四節　簡古超逸的陳鴻壽…………………180
　　一、陳鴻壽生平………………………………181
　　二、學書歷程與主張…………………………181
　　三、作品分析…………………………………185
　　五、風格評價…………………………………194
　　六、新變成就…………………………………195

下　冊
第五章　清晚期篆隸名家風格新變………………197
　第一節　技巧精鍊的吳熙載…………………199
　　一、吳熙載生平………………………………199
　　二、學書、印歷程……………………………200
　　三、書學主張…………………………………201
　　三、作品分析…………………………………202
　　四、風格評價…………………………………210
　　五、新變成就…………………………………211
　第二節　古拙樸茂的何紹基…………………213
　　一、何紹基生平………………………………213
　　二、學書歷程…………………………………215
　　三、書學主張…………………………………219
　　四、作品分析…………………………………223
　　五、風格評價…………………………………231
　　六、新變成就…………………………………233
　第三節　融大小二篆之楊沂孫………………236
　　一、楊沂孫生平………………………………236
　　二、學書歷程…………………………………237
　　三、學術成就…………………………………238
　　四、作品分析…………………………………240
　　五、風格特色與評價…………………………247
　　六、新變成就…………………………………249

第四節　但開風氣不為師——趙之謙 …………… 251
　一、趙之謙生平 ……………………… 251
　二、學書歷程 ……………………… 253
　三、作品分析 ……………………… 258
　四、風格評價 ……………………… 268
　五、新變成就 ……………………… 270
第五節　專攻金文大篆的吳大澂 ………………… 270
　一、吳大澂生平 ……………………… 271
　二、學書歷程 ……………………… 272
　三、學術成就 ……………………… 273
　四、作品分析 ……………………… 274
　五、風格評價 ……………………… 282
　六、新變成就 ……………………… 285
第六節　渾樸厚重的吳昌碩 ……………………… 286
　一、吳昌碩生平 ……………………… 287
　二、學書歷程 ……………………… 289
　三、藝術思想主張 ……………………… 291
　四、作品分析 ……………………… 292
　五、風格特色評價 ……………………… 304
　六、新變成就 ……………………… 309
第六章　結　論 ……………………………… 313
　第一節　清代篆隸興盛原因與發展取向 ………… 314
　第二節　研究成果——清代篆隸名家新變成就 …… 320
　第三節　影響（學習與創新）……………………… 338
參考文獻（書目）……………………………… 345
表　次
　表 1-1　兩漢隸書風格表 ……………………… 15
　表 1-2　清代篆隸名家一覽表 ………………… 25
　表 1-3　清代篆隸書家分期表 ………………… 33
　表 6-1　鄧石如與吳熙載之比較 ……………… 330
　表 6-2　清代篆書名家風格新變特色比較表 …… 334
　表 6-3　清代隸書名家風格新變特色比較表 …… 336

圖　次

圖 3-1-1　宋玨《七言律詩軸》……………………… 74

圖 3-1-2　鄭簠《隸書扇面》………………………… 74

圖 3-1-3　《楊巨源酬於駙馬詩軸》………………… 76

圖 3-1-4　《浣溪紗詞軸》…………………………… 76

圖 3-1-5　《謝靈運石室山詩》……………………… 77

圖 3-1-6　《劍南詩》………………………………… 78

圖 3-1-7　《靈寶謠》………………………………… 79

圖 3-2-1　《王澍篆書屏局部》……………………… 92

圖 3-2-2　王澍《漢尚方鏡銘》……………………… 93

圖 3-2-3　《臨石鼓文》……………………………… 94

圖 3-2-4　《大丈夫篆書中堂》……………………… 95

圖 3-2-5　《詩經關雎局部》………………………… 96

圖 3-2-6　王澍《篆書冊局部》……………………… 97

圖 3-2-7　王澍《篆書軸》…………………………… 97

圖 3-3-1　《禪國山碑局部》………………………… 104

圖 3-3-2　《天發神讖碑局部》……………………… 104

圖 3-3-3　《昔邪廬詩》……………………………… 105

圖 3-3-4　《王融傳冊》……………………………… 106

圖 3-3-5　《臨西嶽華山廟碑冊》…………………… 106

圖 3-3-6　《隸書雜記軸》…………………………… 106

圖 3-3-7　《王興之墓誌》…………………………… 108

圖 3-3-8　《書王尚書古歡錄冊二》………………… 108

圖 3-3-9　《司馬光佚事軸》………………………… 110

圖 3-3-10《漆書周伯琦傳記六條屏》……………… 111

圖 3-3-11《童蒙八章漆書》………………………… 111

圖 3-3-12《相鶴經四屏》…………………………… 113

圖 3-3-13 前、中、晚期風格變化圖………………… 115

圖 4-1-1　《劍氣書香五言聯》……………………… 125

圖 4-1-2　《奇石好花五言聯》……………………… 125

圖 4-1-3　《歷山銘》………………………………… 127

圖 4-1-4　《文心雕龍語軸》………………………… 128

圖 4-1-5　《贈明也大兄詩軸》……………………… 128

圖 4-1-6 《語摘中堂》……………………………………… 131

圖 4-1-7 《制從詩到聯》…………………………………… 131

圖 4-2-1 《謙卦傳》………………………………………… 141

圖 4-2-2 《荀子・宥坐篇》………………………………… 141

圖 4-2-3 《詩經南陔篆書屏》……………………………… 142

圖 4-2-4 《曹丕自敘篆書軸》……………………………… 143

圖 4-2-5 鄧石如《陰符經大篆屏》………………………… 144

圖 4-2-6 鄧石如《陰符經大篆屏局部放大》…… 144

圖 4-2-7 鄧石如《庾信四贊屏》…………………………… 145

圖 4-2-8 鄧石如《白氏草堂記》…………………………… 146

圖 4-2-9 《皖口新洲詩》…………………………………… 148

圖 4-2-10 《敖陶孫詩評局部》……………………………… 148

圖 4-2-11 《張子東銘篇》…………………………………… 149

圖 4-3-1 《少室石闕銘》…………………………………… 164

圖 4-3-2 《開母廟石闕銘》………………………………… 164

圖 4-3-3 《芝田湘瑟聯》…………………………………… 166

圖 4-3-4 《臨張遷碑》……………………………………… 166

圖 4-3-5 《志於道時洒功聯》……………………………… 167

圖 4-3-6 《韓仁銘》………………………………………… 168

圖 4-3-7 《三千一十聯》…………………………………… 168

圖 4-3-8 《臨裴岑碑軸》…………………………………… 169

圖 4-3-9 《變化聯》………………………………………… 171

圖 4-3-10 《翰墨聯》………………………………………… 171

圖 4-3-11 《為文聯》………………………………………… 171

圖 4-3-12 《山濤傳》………………………………………… 173

圖 4-3-13 《宋拓僅存》……………………………………… 173

圖 4-3-14 黃金分割比例圖式………………………………… 173

圖 4-3-15 伊秉綬書法符合黃金分割之例………… 173

圖 4-3-16 《遂性草堂》……………………………………… 175

圖 4-3-17 《散邑盤銘》……………………………………… 175

圖 4-4-1 《開通褒斜道》…………………………………… 183

圖 4-4-2 《石門頌》………………………………………… 183

圖 4-4-3 《楊淮表記》……………………………………… 183

圖 4-4-4　《散此、偶有隸書八言聯》 ⋯⋯⋯⋯⋯ 186

圖 4-4-5　《畫就、賦成隸書七言聯》 ⋯⋯⋯⋯⋯ 186

圖 4-4-6　《曾子質孝隸書軸》 ⋯⋯⋯⋯⋯⋯⋯⋯ 187

圖 4-4-7　《世業天心對聯》 ⋯⋯⋯⋯⋯⋯⋯⋯⋯ 187

圖 4-4-8　《錢塘許君墓誌銘》 ⋯⋯⋯⋯⋯⋯⋯⋯ 188

圖 4-4-9　《清祕琴書對聯》 ⋯⋯⋯⋯⋯⋯⋯⋯⋯ 189

圖 4-4-10《種桐、流麥對聯》 ⋯⋯⋯⋯⋯⋯⋯⋯ 189

圖 4-4-11《閒中壽外對聯》 ⋯⋯⋯⋯⋯⋯⋯⋯⋯ 190

圖 4-4-12《課子成仙對聯》 ⋯⋯⋯⋯⋯⋯⋯⋯⋯ 190

圖 4-4-12《得魚賣畫對聯》 ⋯⋯⋯⋯⋯⋯⋯⋯⋯ 191

圖 4-4-13《漢室周人對聯》 ⋯⋯⋯⋯⋯⋯⋯⋯⋯ 191

圖 4-4-14《清譚為文聯》 ⋯⋯⋯⋯⋯⋯⋯⋯⋯⋯ 192

圖 4-4-15《書對竹兼聯》 ⋯⋯⋯⋯⋯⋯⋯⋯⋯⋯ 193

圖 4-4-16 釋達綬《一室半窗聯》 ⋯⋯⋯⋯⋯⋯⋯ 193

圖 5-1-1　《崔子玉座右銘四屏》 ⋯⋯⋯⋯⋯⋯⋯ 203

圖 5-1-2　《篆書聖教序四屏》 ⋯⋯⋯⋯⋯⋯⋯⋯ 204

圖 5-1-3　《篆書六言聯》 ⋯⋯⋯⋯⋯⋯⋯⋯⋯⋯ 205

圖 5-1-4　《篆書軸》 ⋯⋯⋯⋯⋯⋯⋯⋯⋯⋯⋯⋯ 205

圖 5-1-5　《篆書七言聯》 ⋯⋯⋯⋯⋯⋯⋯⋯⋯⋯ 205

圖 5-1-6　《天發神讖碑原帖》 ⋯⋯⋯⋯⋯⋯⋯⋯ 206

圖 5-1-7　吳熙載臨《天發神讖碑》 ⋯⋯⋯⋯⋯⋯ 206

圖 5-1-8　《篆書五言聯》 ⋯⋯⋯⋯⋯⋯⋯⋯⋯⋯ 207

圖 5-1-9　《吳熙載所臨漢隸四種作品》 ⋯⋯⋯⋯ 208

圖 5-1-10《文語橫幅》 ⋯⋯⋯⋯⋯⋯⋯⋯⋯⋯⋯ 209

圖 5-1-11《和平、典則七言聯》 ⋯⋯⋯⋯⋯⋯⋯ 210

圖 5-1-12《四壁、一枝七言聯》 ⋯⋯⋯⋯⋯⋯⋯ 210

圖 5-2-1　《石門頌原拓局部》 ⋯⋯⋯⋯⋯⋯⋯⋯ 224

圖 5-2-2　何紹基臨《石門頌》 ⋯⋯⋯⋯⋯⋯⋯⋯ 224

圖 5-2-3　《張遷碑原拓局部》 ⋯⋯⋯⋯⋯⋯⋯⋯ 225

圖 5-2-4　何臨《張遷碑》 ⋯⋯⋯⋯⋯⋯⋯⋯⋯⋯ 225

圖 5-2-5　《衡方碑原拓局部》 ⋯⋯⋯⋯⋯⋯⋯⋯ 226

圖 5-2-6　何紹基《臨衡方碑四屏》 ⋯⋯⋯⋯⋯⋯ 227

圖 5-2-7　何紹基《隸書四條屏》 ⋯⋯⋯⋯⋯⋯⋯ 228

圖 5-2-8 《贈荔仙五言隸聯》……………………228

圖 5-2-9 《論書軸》………………………………230

圖 5-2-10《篆書七言聯》…………………………230

圖 5-2-11《篆書鏡臺銀帶屏》……………………231

圖 5-3-1 篆書《敔敦銘》…………………………241

圖 5-3-2 篆書《蔡邕傳》四條屏…………………242

圖 5-3-3 楊沂孫《張橫渠先生東銘》篆書四條屏
………………………………………243

圖 5-3-4 《篆書七言聯》…………………………244

圖 5-3-5 《金人銘》………………………………244

圖 5-3-6 《在昔篇局部》…………………………246

圖 5-3-7 《石鼓文對聯》…………………………246

圖 5-3-8 《秦公敦》………………………………247

圖 5-4-1 趙之謙印…………………………………252

圖 5-4-2 臨《泰山刻石》…………………………259

圖 5-4-3 臨《嶧山刻石》…………………………259

圖 5-4-4 臨《祀三公山碑》………………………260

圖 5-4-5 《篆書四屏》……………………………261

圖 5-4-6 《別有、但開聯》………………………262

圖 5-4-7 《史游急就篇》…………………………263

圖 5-4-8 臨《三公山》碑…………………………264

圖 5-4-9 臨《封龍山頌》…………………………265

圖 5-4-10《為懽伯隸書八言聯》…………………266

圖 5-4-11 臨《劉熊碑》兩幅……………………267

圖 5-4-12《為子麟隸書世說新語》………………268

圖 5-5-1 吳大澂《周誥遺文》……………………273

圖 5-5-2 《結德、援雅對聯》……………………275

圖 5-5-3 《藉甚、湛然對聯》……………………275

圖 5-5-4 《有古、得名聯》………………………276

圖 5-5-5 《知足、有為聯》………………………276

圖 5-5-6 臨散氏盤圖………………………………277

圖 5-5-7 秦銅權……………………………………277

圖 5-5-8 《知過論軸》……………………………278

圖 5-5-9　《古鈢七言聯》 ……………………………… 278

圖 5-5-10　吳大澂《大篆論語》 ………………………… 279

圖 5-5-11　吳大澂《大篆孝經》 ………………………… 279

圖 5-5-12　《贈西泉四兄七言聯》 ……………………… 280

圖 5-5-13　《贈少鋆大兄七言聯》 ……………………… 280

圖 5-5-14　《周銅、唐玉對聯》 ………………………… 281

圖 5-5-15　致《潘祖蔭書札》 …………………………… 281

圖 5-5-16　愙齋尺牘 ……………………………………… 282

圖 5-6-1　《司馬郘巤篆書聯》 …………………………… 294

圖 5-6-2　《為健亭集石鼓文聯》 ………………………… 294

圖 5-6-3　《為思隱軒主人篆書》 ………………………… 294

圖 5-6-4　《贈澹如臨石鼓文軸》 ………………………… 295

圖 5-6-5　《臨石鼓文字軸》 ……………………………… 295

圖 5-6-6　《為達三集石鼓文聯》 ………………………… 297

圖 5-6-7　《淵深樹古五言聯》 …………………………… 297

圖 5-6-8　《臨石鼓四屏之一》 …………………………… 297

圖 5-6-9　《臨庚羆卣銘作品》 …………………………… 299

圖 5-6-10　《贈葉舟先生聯》 …………………………… 299

圖 5-6-11　《贈凌霄先生聯》 …………………………… 299

圖 5-6-12　《贈子雲集散氏盤聯》 ……………………… 299

圖 5-6-13　《為振甫隸書聯》 …………………………… 301

圖 5-6-14　《臨張遷碑》71 歲作 ……………………… 301

圖 5-6-15　《臨祀三公山》71 歲作 …………………… 302

圖 5-6-16　《集上尊號奏銘四言聯》 …………………… 303

圖 5-6-17　《集曹全碑陰四言聯》 ……………………… 303

圖 5-6-18　《贈雅初隸書聯》 …………………………… 304

第五章　清晚期篆隸名家風格新變

　　清代道光、咸豐以後學術丕變，一則鴉片戰爭之喪權辱國，加以太平天國的動亂，民心士氣大受挫喪。二則乾嘉考證盛極而衰，學風不甘囿於訓詁章句，學術上公羊學興起，另闢徑路，力挽狂瀾。王國維說：「道咸以降之學新」，此時期學術上，學者藉公羊學之微言大義批判政治積弊。主要代表學者有莊存與、劉逢祿、魏源、龔自珍、康有為等。這些人都是假借古代經典以求變法維新者。

　　書論上繼包世臣《藝舟雙楫》之後，康有為著《廣藝舟雙楫》提倡碑學。推波助瀾，自出版後即受到重視，此書提倡「尊魏」、「卑唐」，寓有變革之意。帖學到清中葉已衰，時會使然，自趨通變，而碑學代興，影響一代書風。

　　碑學對晚清篆隸風格的影響，顯而易見，如何紹基重視篆分遺意，趙之謙服膺包世臣之理論，融北碑於篆隸。

　　晚清金石學蓬勃發展，古代文物不斷出土，如安陽商代甲骨，敦煌漢晉木簡與各代寫經。康有為說：「今南北諸碑，多嘉、道以後新出土者，即吾今所見碑，亦多《金石萃編》所未見者，出土之日多可證矣。出碑既多，考證亦盛，於是碑學蔚為大國。」〔註1〕金石學蓬勃發展，究心考古，本藉金石以證經史，後遂資以學書。碑學不囿於唐、魏，對篆、隸二體的尚古研究，漸形成崇尚樸質的書風，影響書壇深遠。

　　康有為說：「國朝書法凡有四變：康雍之世，專仿香光；乾隆之代，競講

〔註1〕康有為《廣藝舟雙楫・尊碑第二》（台北：金楓出版社，1999 年 4 月 1 版），頁 69。

子昂；率更貴盛於嘉、道之間；北碑萌芽於咸、同之際。」〔註2〕咸豐以後碑學尤為昌盛，侯開嘉說：

> 清代碑學是中國書法史上最自覺的藝術階段。首先，它是書法史上第一次理論走在藝術的前面，然後再形成藝術流派和時代風尚。從而改變了歷史上長期理論落後於實踐的傳統格局。其次，表現在藝術上的自覺，由於面對的是一千多年的古文字，在傳統技法斷裂之下，迫使他們不擇手段地去創造新的表現技法，進而促使了具有金石氣的尚樸書風的形成。〔註3〕

侯開嘉說書史上第一次理論走在實踐之前，事實上在此之前鄭簠、金農已從事碑學實踐，王澍提出「江南足拓，不如河北斷碑。」金農亦提出：「華山片石是吾師」的簡要心得。包世臣《藝舟雙楫》弘揚碑學理論，其實也是受鄧石如實踐成功的啟發。但經包世臣、康有為等對碑學理論的弘揚，碑學書派迅速發展，是不爭的事實，影響所及直至現代。

金石學興起，為探討古文字源流，提供了可靠的證據，不再迷信許慎《說文》，這對於文字學與書法在認識上是一大轉變，書家追摹先秦遺迹，湧現一大批以篆書為表現的書家。

清中期以後，從古代金文、篆籀、石碑中得到很多啟發，追求歲月滄桑的樸拙之美，斑剝殘損，都構成一種特別的美感，書法家從古拙中發展出一種新的審美精神，即具有樸拙之美的金石氣。

清代晚期，學術界對於上古三代青銅鼎彝文字的關注，為晚清書學拓開了全新的視野。取法更為寬廣，石鼓、金文早已司空見慣，大量的甲骨文出土，又為書壇注入新血，形成書壇前所未見的熱鬧景象。

金石書法特重用筆，有所謂逆入平出，殺字甚安，意即結字妥貼，內外各得其宜。經營布白，疏密峻整，不求外表形態，但求神骨。隸書的雄強開張，是碑刻所崇尚；金文的遒勁凝鍊，則是篆書所企求的。無論方筆、圓筆，無不展現金石的峻厚之美。

劉熙載《藝概·書概》的美學思想，一是從求美到以醜為美。他說怪石

〔註2〕 康有為《廣藝舟雙楫·體變第四》（台北：金楓出版社，1999年4月1版），頁104。
〔註3〕 侯開嘉《中國書法史新論》（上海：上海古籍出版社，2009年8月第2版），頁158。

醜到極處就是美到極處。一是從求工到求不工，不工者工之至也。根據書法藝術的實際作深入的闡發。康有為《廣藝舟雙楫》的美學思想：主張「尊魏卑唐」，力主新變。稱魏碑有十美，對纖柔的帖學，最具變革與創新的精神。李瑞清則主張「求篆於金」。又說學書必自通篆始，學篆必神遊三代，目無二李，乃得佳耳。以上為清晚期主要的書論美學特色。

第一節　技巧精鍊的吳熙載

　　吳熙載篤守包世臣的書論，努力實踐，擅篆隸、篆刻、花卉，以書畫篆刻三絕風靡江南。刻苦精鍊的技巧當代第一，在清末負盛名，篆隸學鄧石如，行草學包世臣，五體皆工，篆刻外以篆隸成就較高，作品於遒勁凝練中具妍美流動之勢，學鄧石如的端莊、渾厚的風格，加上自己的體會，風格更加飄逸、舒展、柔中帶剛，法度嚴謹是較全面性的書家。茲從其生平、學書歷程、作品分析、風格特色等探討其成功新變之處。

一、吳熙載生平

　　吳熙載（1799～1870），江蘇儀徵（今江蘇揚州）人。生於清嘉慶四年己未，卒於清同治九年庚午，享年 72 歲。初名廷颺，字熙載。避道光帝諱棄廷颺名，以字行。根據《中國美術名人辭典》，「五十後以字行」應指棄「廷颺」不用，用熙載字讓之，六十五歲又因避同治皇帝（載淳）諱，棄熙載，改用讓之，亦作攘之，又號讓翁、晚學居士〔註4〕、方竹丈人等。據此其「熙載」字號的使用應早於「讓之」。我們根據其用印判定作品創作先後，大抵早期用廷颺、熙載，中期用熙載、讓之，六十五以後純用讓之。

　　吳氏鬻藝為生，是包世臣的入室弟子，鄧石如再傳弟子。《清史稿列傳》云：「先世居江寧（南京），父明煌，始遊揚州，善相人術。熙載為諸生，博學多能，從包氏學書。……熙載恪守師法，世臣真、行、稿草無不工，嗜篆分而未致力，熙載篆、分功力尤深。復縱筆作畫亦有士氣。」〔註5〕其一生活動地區主要在揚州附近，道光時受王惜庵之托，續刻高鳳翰《硯史》。太平天國之亂，吳熙載（1853）為避戰亂流寓到了泰州。晚年借居泰州觀音庵中，

〔註4〕晚學居士乃因晚年拜小他十歲的畫家鄭箕（芹父），學習花鳥畫而且一學就是十幾年，由此可見，吳氏晚年虛心的學習態度。

〔註5〕《國立編譯館・清史稿校註・卷五百十・列傳二百九十・藝術二》，頁 11550。

窮困潦倒，終老泰州。

　　吳熙載精小學兼善四體書與寫意花卉，尤精篆刻。少時即追摹秦漢印作，後直接取法鄧石如，得其神髓。又綜合自己的學識，將「鄧派」篆刻藝術，推展到高峰。在明清篆刻流派史上具有舉足輕重的地位，對中日印壇有較大的影響。

　　吳熙載的功名僅是諸生〔註6〕，吳的交友，據《清史稿》與《藝舟雙楫》記載，有梅植之、楊亮、黃洵、毛長齡、姚配中、楊承汪等人，皆為包世臣門下弟子。著有《師慎軒印譜》、《吳讓之印譜》、《吳讓之先生書畫集》、《通鑑地理今釋稿》等。

二、學書、印歷程

　　《吳讓之印譜自序》云：「讓之弱齡好弄，喜刻印章。十五歲乃見漢人作，悉心模仿十年。凡擬近代名工，亦務求肖乃已。又五年，始見完白山人作，盡棄其學而學之。」〔註7〕此自序說明三十歲左右，改學鄧石如書法與篆刻。

　　吳熙載從包世臣學書，主要是透過包氏學習鄧石如「字畫疏處可以走馬，密處不使透風，常計白以當黑，奇趣乃出。」〔註8〕等重要書學理論。道光十一年，吳熙載三十三歲，包世臣撰《答熙載九問》。道光十三年夏，又撰《與吳熙載書》，為包氏論書之精華。包世臣這兩篇文章回答熙載之問，討論到篆分遺意、氣滿與裹筆等書學問題。熙載問：「自來論真書以不失篆分遺意為上，……究竟篆分遺意寓於真書，從何處見？」包氏答：「篆書之圓勁滿足，以鋒直行於畫中也；分書之駿發滿足，以毫平鋪於紙上也。真書能斂墨入毫，使鋒不側者，篆意也。能以鋒攝墨，使毫不裹者，分意也。」熙載問：「先生常言左右牝牡相得，而近又改言氣滿，究竟其法是一是二？」包氏答：「左右牝牡，尚有形式可言，氣滿則離形式而專說精神，……氣滿則左右牝牡自無不相得者矣。」〔註9〕有關「氣滿」，祝嘉疏證：

〔註6〕 明清時期經考試錄取而進入府、州、縣各級學校學習的生員。生員有增生、附生、廩生、例生等，統稱諸生。《明宋濂送東陽馬生序》今諸生學於太學，則是指在國子監學習的各類監生。

〔註7〕 吳讓之〈印譜自序〉收錄於韓天衡《歷代印學論文選》（西冷印社，2006年6月3刷），頁595。

〔註8〕 包世臣《藝舟雙楫‧述書上》收於黃簡《歷代書法論文選‧藝舟雙楫》，（上海：書畫出版社，2000年12月4刷），頁641。

〔註9〕 包世臣〈答熙載九問〉收於黃簡《歷代書法論文選‧藝舟雙楫》，頁660～662。

　　所謂左右牝牡是專指字的結構，上下左右的照應，必須氣滿，氣滿
　　則全幅精神貫串，一字一畫的好壞，是沒有多大的關係的。〔註10〕

作字氣滿則精神貫串，其重要性涵蓋左右牝牡相得。筆者覺得吳熙載提問的
犀利，包世臣的回答也精要切當，這說明包世臣不愧為書論大師。又〈包世
臣與吳熙載書〉云：「裹筆不如用逆，用逆以換筆心，篆分之秘密。」〔註11〕
包世臣把篆分用筆的秘密傳給吳熙載。蓋裹筆墨汁就不能直下，用逆提則毫
聚，按則毫鋪，如此方能萬毫齊力。諸如此類，若非平日勤學用功，是不可
能提出如此深刻的問題。熙載之問，包氏贊揚其資性卓絕，稱近人可言此者
稀矣。吳熙載並由此師法鄧石如，深得鄧氏篆隸之精髓。熙載九問皆為書法
極為關鍵的核心問題，可見吳熙載勤學好問，轉益多師。

三、書學主張

　　吳氏晚年，輯自用印等近百鈕，自加評定，謂合己意者不到十分之一，
其求藝精深，虛懷若谷，嚴以律己，名其齋館為「師慎軒」，一則紀念其師包
世臣（字慎伯），亦可見其謙虛謹慎的創作觀。吳熙載的書學思想，從包世臣
撰《答熙載九問》與《與吳熙載書》可窺知大要。吳氏晚年在〈與魏錫曾手
札〉云：

　　作書之事，無涯際，自初唐至包先生，凡幾輩，自必以篆分為骨氣，
　　篆則毫聚，分則毫鋪，皆見北碑，南朝亦共守此法，惟韻不同，武
　　德以前尚合，下此則日漓，包鄧出而復合，此我朝書品當遠邁前脩，
　　惟南朝帖亦不易得，非具真鑒，以意逆志，未可言已，若徒事皮相，
　　不窺本源，則不遁入歧途者多矣。……〔註12〕

自必以篆分為骨氣，篆則毫聚，分則毫鋪……不窺本源，則不遁入歧途者多矣。
學書「以篆分為骨氣，要窺本源。」此語可看作吳熙載的書學主張。

　　吳讓之云：「竊意刻印以老實為正，讓頭舒足為多事。」〔註13〕這正是他

〔註10〕祝嘉《藝舟雙楫疏証》，（台北：華正書局，1990年5月1版），頁76。
〔註11〕包世臣〈與吳熙載書〉收於黃簡《歷代書法論文選·藝舟雙楫》，頁673。
〔註12〕清吳讓之〈與魏錫曾手札〉引自日本謙慎書道會編《吳讓之書畫篆刻》，二玄
　　　　社，1978年刊行，頁207。
〔註13〕魏稼孫為趙之謙編《二金蝶堂印譜》，魏稼孫請吳讓之作序。序曰：刻印以老
　　　　實為正，讓頭舒足為多事。以漢碑入漢印，完白山人開之，所以獨有千古。先
　　　　生所刻，已入完翁室，何得更贊一辭耶。

的篆刻章法的主要特色。「老實為正」雖是篆刻章法的主張，但以書入印，印文的章法安排服從于篆書書法的自然之態。篆印相通，因此「老實自然」也可看作其篆法主張。

其篆書用筆舒展、流暢，獨具面目，較之鄧石如，更加秀麗婀娜，且吳讓之學識當在鄧之上，所以秀麗中別有書卷氣，使漢篆筆法得到了更淋漓的發揮。與鄧相比，可謂青出於藍而勝於藍。

三、作品分析

吳讓之學習鄧石如的篆、隸書法，在風格上又有新的突破，篆隸兩體功力最深。在書法方面成就最大的是篆書，其次是隸書。吳讓之以鄧的書體為依歸，使隸書筆法參之入篆，篆之筆法參之入隸。

（一）篆書

吳熙載篆書風格有兩種，一種為受鄧石如影響，風格嫵媚秀雅。如《崔子玉座右銘》、《篆書聖教序局部四屏》、《吳均與朱元思書四屏》、《宋武帝與臧燾敕》、《三樂三憂帖》、《篆書六言聯》、《篆書軸》等。另一種則效法《天發神讖碑》，強調形式創新表現，變為個性書風。如臨《天發神讖碑》與用此體創作的《篆書五言聯》等。若以時間分期，則早期落款為廷颺者為五十歲以前，惟早期作品少見。中期落款熙載、讓之並用，晚期純用讓之則六十五以後。茲選擇其較具有代表性的作品分析。

1.《崔子玉座右銘四屏》分析

此作未署年月，從落款熙載判定為中期作品，亦即（50～65）歲之間。吳熙載受包世臣影響很大，行草學包世臣，篆書則學鄧石如，一般評價其藝術成就超越包世臣。對包氏的理論，以自己的感性加以消化，開創出和鄧石如相對照的不同風格。鄧剛毅素樸、渾樸雄強，吳優雅洗鍊、妍美飄逸。鄧作品表現的是意趣，吳表現的是情趣。吳熙載把小篆寫的委婉流暢，婀娜多姿。

此作通篇用筆靈動精微，結體舒展飄逸，在學鄧的基礎上充分體現了吳熙載篆書圓勁流美，飄逸、舒展、柔中帶剛、法度嚴謹的特點。

吳昌碩批評吳讓之學鄧石如「外得虛神，內逵骨髓。」〔註14〕意即得外

〔註14〕《清人篆書三種》（大眾書局，1982 年 10 月再版），頁 36。吳昌碩跋鄧石如《朱文公四齋銘》條幅跋語。

貌，但骨骼柔弱。吳熙載的作品沒有鄧石如的深沉、剛毅、厚重。但行筆不造作，如行雲流水般的自然，達到精熟的藝術境界。

　　清代藝術崇尚樸拙，吳讓之是屬於精巧一路的風格。若從「生」、「拙」角度而言，成就不如鄧石如，若從「精巧」、「變化」、「純熟」而言，他把鄧石如開創的風格推向高峰。

圖 5-1-1　《崔子玉座右銘四屏》

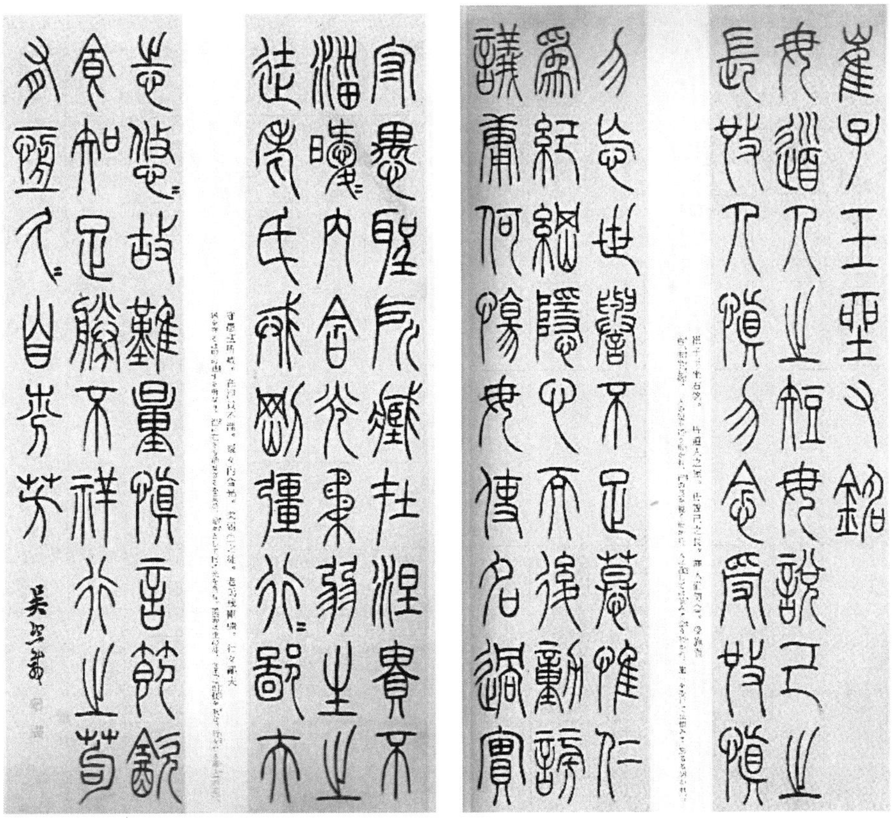

取自《中國書法選 58‧吳熙載集》日本二玄社出版，頁 2～3。未註明尺寸。

2.《篆書聖教序四屏》分析

　　此作擷取〈唐太宗大唐三藏聖教序〉一段，吳熙載很堅實地規模鄧完白書風，把小篆寫得委婉流暢，善用長峰筆尖，強調起伏處用筆的變化，說明他對線條有深刻理解。篆法醇雅，但無完白之筆力，他強調篆書流媚的一面，筆致優美，線條婀娜，有如行雲流水。其線條飛動飄揚，所表現的韻律富有強烈的美感。有「吳帶當風」之譽。其優點是點畫精到，揮運自如。缺點是書風巧媚有迎合市民趣味之感。《篆書聖教序四屏》為吳熙載典型的書法風

格。字體成縱方形，修長秀美，結體嚴謹，屈曲盤回以長勢取姿，書風圓潤生動、渾融清健。欣賞吳氏的作品，可感受到其得心應手、怡然自得、遊刃有餘的功力。

圖 5-1-2 《篆書聖教序四屏》

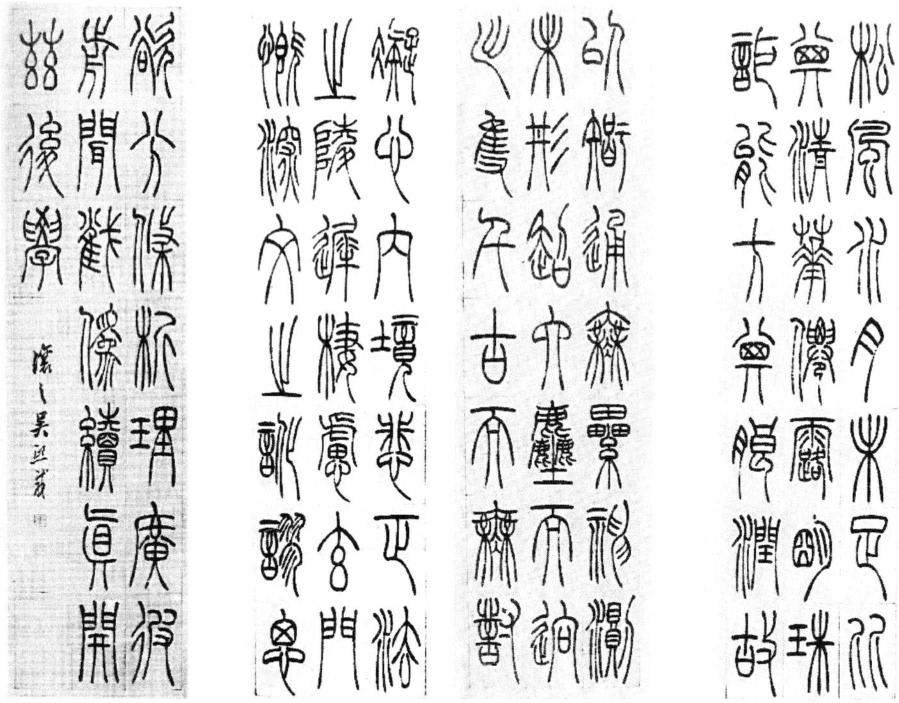

取自《書道全集·第十四卷清二》（大陸書店），頁42，未註明尺寸。

3.《篆書六言聯》、《篆書軸》、《篆書七言聯》分析

吳熙載《篆書六言聯》、《篆書軸》、《篆書七言聯》三件作品。落款僅題讓之者為65歲以後作，為晚期作品。其圓勁流美的小篆為時人所重。在篆法上結構、用筆多師法鄧石如及漢篆法，更因其善於鐵筆寫篆，在執筆、運筆、結體上都繼承了包氏衣鉢，這對讓之的書風有直接影響。吳熙載為鄧石如嫡傳，然與鄧石如鐵線篆的嚴謹、厚實、緊凝實難以相比。吳熙載更強調流媚，結構拉長，流暢不受拘滯，誇張筆法彈性、輕重疾徐、起伏頓挫，這是他與鄧石如不同之處。篆書汲取了鄧石如端莊、渾厚的風格，又加以自己的理解，使之更加飄逸、舒展，柔中帶剛，法度嚴謹。吳熙載與鄧石如相較，筆者以為風格較柔媚妍麗而骨力不及，雖受世人喜愛，但較缺乏個性。

圖 5-1-3　《篆書六言聯》　　　　圖 5-1-4　《篆書軸》

取自《中國書法》(台北福利出版)，　　取自《清代書法》(故宮藏文物珍品大
頁 155 未註明尺寸。　　　　　　　系上海科學技術出版社)，頁 168。
　　　　　　　　　　　　　　　　尺幅：122.7cm×39.8cm。

圖 5-1-5　《篆書七言聯》

取自陳振濂《品味經典・中國書法史》
(浙江：古籍出版社)，頁 150。

4. 臨《吳天發神讖碑》分析

《吳天發神讖碑》方朔《枕經堂金石題跋》云：「吳天發神讖碑，在晉宋時已折為三段，世故又稱三段碑，展轉移徙久在江寧府學尊經閣下，不意嘉慶十年亦燬於火，人間拓本因各寶貴，予於道光丁酉赴省試於狀元境市上得一全拓舊本，宣紙樸墨，字字有神，當是數百年前之物，不勝狂喜。……予觀其書方折盤旋以隸筆而行篆體，……張懷瓘以沉著痛快目之良不虛也。漢時篆法惟張遷碑額略有此意。」〔註15〕此碑特色在以隸筆寫篆體，加之以懸針垂露，大氣磅礡，氣象不凡，臨之最能醫治纖弱之病。吳熙載此臨，從容不迫的運筆，把握了原帖的形意和寬廣的氣象。這與他老實穩重的個性有關，徐三庚也臨《吳天發神讖碑》則表現的異常華麗。

圖 5-1-6 《天發神讖碑原帖》　　　圖 5-1-7　吳熙載臨《天發神讖碑》

臨《吳天發神讖碑》取自《清人篆書三種》大眾書局印行。頁 36。

5.《篆書五言聯》分析

此五言聯作品，擷取石刻的精華，故有氣貫長虹、剛勁有力、咄咄出新之意態。從漢篆中選取新的筆法，從而創造出充滿生機的篆書體貌。用隸書

〔註15〕方朔《枕經堂題跋·吳天發神讖碑》，頁 229。

筆法作方整篆體的《天發神讖碑》，風格與吳熙載其他篆書不同，雄強險勁，
如折古刀，講求結構，呈現獨特的氣象。用筆一反常法，採《天發神讖碑》
的筆意。方筆多，圓筆少。用筆則在收筆處稍駐筆，然後迅速收筆，任其自
然，強化其動勢，直畫收筆處多尖銳出鋒。用鄧石如的結體，長勢取姿是常
態，徐利明說：「起筆處平頭落筆，行筆飽滿挺勁，而漸至收筆處銳鋒出筆，
銳鋒常偏於筆畫的一側，於下垂筆畫尤為顯著。在屈曲盤迴的筆畫中，用筆
轉鋒、搭鋒順勢自然而生，增加運筆的靈動之感。在不傷筆勢的前提下，充
分發揮毛筆的功能，又表現刀刻美的意趣。」〔註16〕吳氏方筆尖筆並用，又
能表現刀刻的意趣，極為自然熟練，將《天發神讖碑》的特點、筆法、精神
極為巧妙的融於作品中，自然而不著痕跡的變成自己的面貌。吳讓之取法《天
發神讖碑》而加以改變，使他在書法風格史上爭得一席之地。

圖 5-1-8　《篆書五言聯》

《篆書五言聯》刊於日本明清書道圖說。未註明尺寸。

（二）隸書

　　吳熙載除了學鄧石如隸書外，亦臨學過許多漢隸，且具相當的功力。茲
將吳熙載所臨漢隸四種有《臨曹全碑》、《臨史晨碑》、《臨張遷碑》、《臨禮器

〔註16〕徐利明《中國書法風格史》（河南：美術出版社，1997 年 11 月 2 刷），頁 494。

碑陰》等列出，以見一位大家所學之廣博。此外隸書作品選《文語橫幅》、《隸書和平典則七言聯》、《隸書四壁、一枝七言聯》等作分析。

圖 5-1-9 《吳熙載所臨漢隸四種作品》

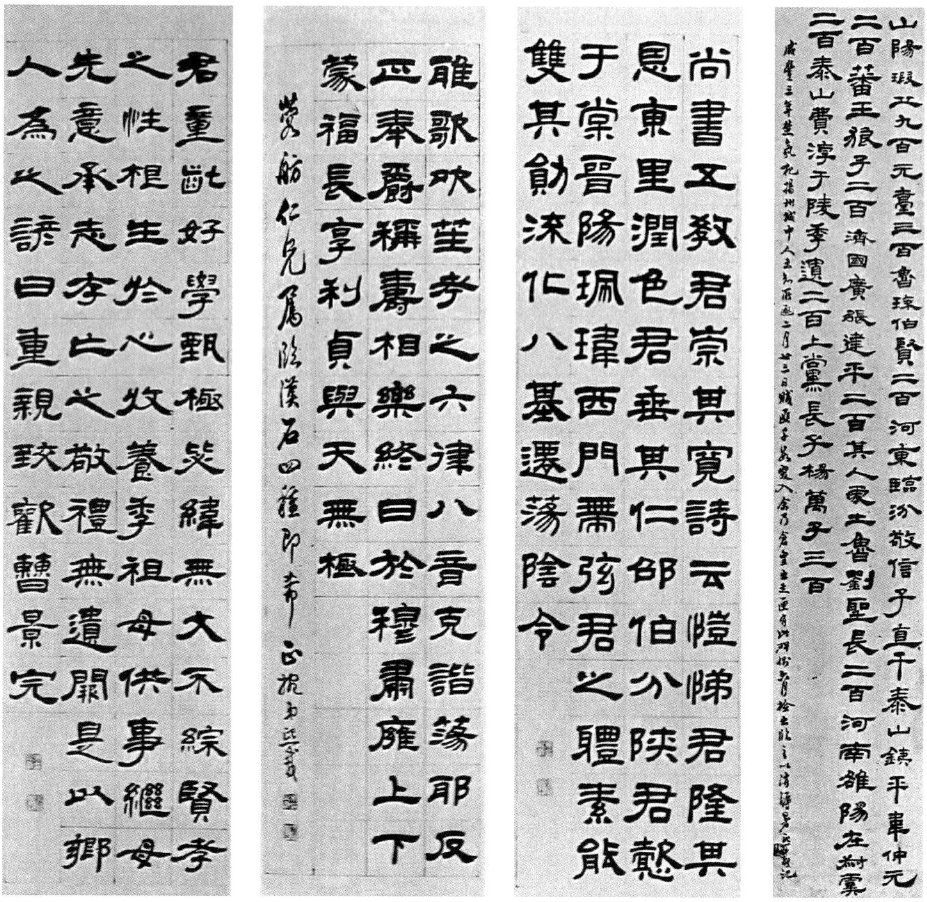

臨曹全碑　　　臨史晨碑　　　臨張遷碑　　　臨禮器碑陰

取自網路搜尋 www.360.com（2012/4/14）。

1.《吳熙載所臨漢隸四種作品》分析

吳熙載所臨漢隸作品，《臨曹全碑》、《臨史晨碑》、《臨張遷碑》、《臨禮器碑陰》四種。《曹全碑》風格秀媚，遒麗飛動。《史晨碑》法度謹嚴，平整端莊。《張遷碑》方整勁健，渾穆厚重。《禮器碑陰》瘦勁如鐵，無美不備，極盡變化。《禮器碑》向來被推為漢隸第一，而碑陰更兼遒麗飛動。除未選峭拔舒展，奇縱恣肆的《石門頌》、《楊淮表記》之類的風格外，漢隸風格大概已概括。漢隸依審美角度不同，可將其歸類為廟堂氣如《曹全碑》、《史晨碑》、

《張遷碑》、《禮器碑》與山林氣如《石門頌》、《楊淮表記》等摩崖。吳熙載有「老實為正」的審美觀，所以其所臨碑帖較忠實於原帖，顯得規整典雅。此四件臨漢隸作品甚見功力。

2. 文語橫幅分析

吳熙載隸書創作，此作令人感受隸書之美，給人厚重穩靜感。與鄧石如比較則鄧多野趣橫溢，吳熙載則文雅敦厚。用筆方圓並用，結字緊密，章法上筆畫間留白甚少，有密不透風之感，緊勁有餘而舒張不足，故其勢弱。他的隸書筆畫勻長，肉頗豐而骨力稍不足，故給人溫柔敦厚，有柔媚之感。

圖 5-1-10　《文語橫幅》

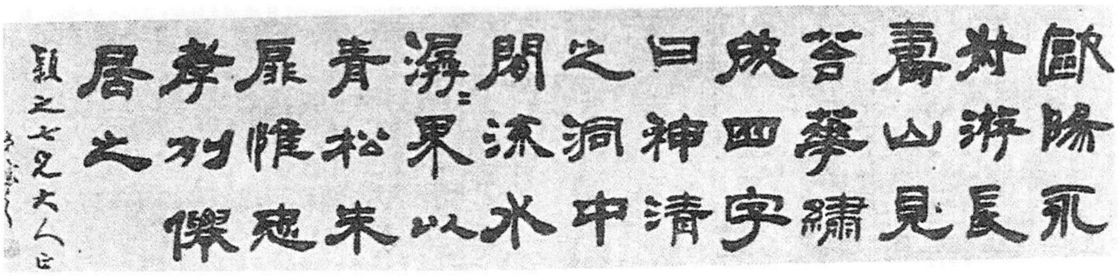

取自《隸書入門》（藝術圖書公司），頁 65，未註明尺寸。

3.《隸書和平、典則七言聯》分析

此件作品落款未署年月，包世臣於篆隸方面沒有多大成就，吳熙載為其弟子，在篆隸方面，刻意模仿鄧完白，此《和平、典則七言聯》有鄧完白的氣局，筆法習鄧完白，參包世臣的運筆，技巧明顯不及鄧氏，而風格近似完白，顯得雄強厚重。書法風格受個性影響是不爭的事實，吳熙載為人甚為篤實，魏稼孫跋吳讓之印譜云：「讓之學書安吳包氏，篆分刻印私淑完白，篤守師說有兩漢經生風。」〔註17〕兩漢經生風即篤守師法，觀此作誠然。

4.《隸書四壁、一枝七言聯》分析

《四壁、一枝七言聯》，此件作品落款未署年月，中鋒用筆，圓潤敦厚。吳氏隸書亦法鄧石如，古、煙二字的長橫畫，明顯用轉指，這是包世臣的主張，筆鋒隨著手指轉動，調整筆鋒，使線條保持中鋒。但功力遠不如鄧完白，此作寫得綿裏藏針、溫潤圓健，字法生動有姿，個別字略微右傾，顯得有幾分媚態。其筆畫豐腴飽滿，但出鋒銳利，顯露精神。筆者認為以整體格局就氣勢而言，失之柔弱。

〔註17〕韓天衡《歷代印學論文選·下冊》（杭州：西冷印社，1999 年 8 月 1 版），頁595。

圖 5-1-11 《和平、典則七言聯》　　　圖 5-1-12 《四壁、一枝七言聯》

取自《書道全集第十四卷・清二》，頁 44（大陸書店）。尺幅：119.4cm× 29.2cm。

取自《中國美術全集・書法篆刻 6》頁， 165（北京故宮博物院藏。）尺幅： 119.2cm×29.8cm。

　　總之，吳熙載隸書的取法，沒有鄧石如廣泛。與鄧石如相比，鄧是開創者是源，吳是守成者是流。鄧石如書法陽剛蒼勁，用筆如折釵股，挺拔剛直。吳熙載書法陰柔婉轉。其隸書有繼承鄧石如的方面，也有自己的書寫風格，在整體追求尚質書風的時代，吳讓之書風略帶妍媚，追求精緻、細膩，富書卷氣，尤顯得特殊。

　　吳讓之隸書成就不如篆書，其隸書面貌顯得較單一，與篆書比較隸書則繼承多，而獨創少。

四、風格評價

　　清蔣寶齡《墨林今話》：「吳廷颺，字熙載，號讓之，儀徵諸生，善各體書，兼工鐵筆，邗上（揚州）近無與偶。」〔註18〕善各體書，可見碑帖兼學，邗上

〔註18〕蔣寶齡《墨林今話・續編》（明文書局印行），頁11。

近無與偶，可見當時評價甚高。

　　吳熙載書法功力雖深，但評價不一，有人認為未能創造自己的風格。其篆刻成就已達書印合一的境界，自然也仰賴其篆書的精工，以書入印。趙之謙在《章安雜說》中評價說：

> 近日能書者，無過熙載廷颺，鄧完白後一人也。體源北魏而藏其稜屬，出以渾脫，然知者希矣。篆法直接完白，剛健遜之。[註19]

趙之謙所言有褒有貶，褒的是能書者無過熙載（廷颺），鄧完白後一人也。貶的是篆法直接完白，剛健遜之，是說未能獨創風格。體源北魏而藏其稜屬，出以渾脫，藏其稜屬，即力藏在點畫之內，外不露圭角。東坡所謂「字外出力中藏稜」者也。渾脫在此解釋為渾然天成之義。包世臣說：「北魏體多旁出，鄭文公字獨真正，而篆勢、分韻、草情畢具。」[註20]吳是包的弟子，對於大力宣揚北碑的包世臣自然服膺其理論而加以實踐。趙之謙又說：「我朝篆書以鄧頑伯為第一，頑伯後，近人為揚州吳熙載及吾友績溪胡荄甫（澍）。熙載已老，荄甫陷杭城，生死不可知。荄甫尚在，吾不敢作篆書，今荄甫不知何往矣。」[註21]趙之謙對吳讓之篆書多所肯定。吳讓之於書法一道，傳鄧石如、包世臣一脈，用柔筆（羊毫）取法金石碑版，善篆隸兩體，成為碑派書法的重要代表。

　　吳熙載用筆精練豪放，字畫多者任其密，少者任其疏，在每個字的結體上，始終遵循著篆書上密下疏、上束下放的一般規律，但觀者卻不覺其有上塞下曠之感，這就說明吳讓之對疏密程度具有很強的把握能力。文字難安排者，採用穿插、挪讓等手法來加以合理的調整，決不是以犧牲單字「個性」為代價，來求得所謂的全局「和諧」。康有為評云：「吳讓之篆書為鄧完白嫡傳，然無完白筆力，又無完白新理，真若孟子門人，無任道統者。」[註22]事實上鄧完白之皖派賴吳熙載方得以支撐。

五、新變成就

　　吳讓之篆書具鄧石如端莊、渾厚的風格，又使之更加飄逸，柔中帶剛，

〔註19〕趙之謙《章安雜說》第八則。

〔註20〕包世臣《藝舟雙楫·歷下筆談》收於黃簡《歷代書法論文選》，頁651。

〔註21〕趙之謙於1862年9月為篆刻家錢松之子錢式作《篆書繹山碑冊》跋文之內容。

〔註22〕馬宗霍《書林藻鑑·吳熙載·康有為云》，頁437。

法度嚴謹。歷代篆刻家、印論家往往就是篆書家。吳讓之被推為晚清第一傑出印人，其篆書自然不差。讓之篆隸體功力最深，其新變成就如何呢？茲探討其新變成就，歸納出二項。

（一）碑帖結合、書印合一、善變者

吳讓之是一位承前啟後的大家。治印最服膺鄧石如，曾說：「以漢碑入漢印，完白山人開之，所以獨有千古。」〔註23〕此語是說鄧石如將漢碑引之入印。吳讓之篆隸書學鄧，學鄭文公碑，行書學包，廣義而言在碑帖互融上，已開啟先例。廣采博汲，不囿成法，在理論上他尊崇師說，但實踐中他又有意和老師的雄強風格拉開距離，這是他對中國書法史所作出的獨特的貢獻。錢君匋云：

> 鄧石如的皖派吸取了《三公山碑》、《禪國山碑》的體勢與筆意，形
> 成了雄渾圓勁的風格，至吳熙載用刀如筆，已登峰造極。〔註24〕

吳熙載篆法學鄧石如，字法取法漢碑額，章法計白當黑。通過自己的善變，以長勢取姿，鄧石如使刀運筆必求中鋒，而讓之以偏勝。近代書畫大家黃賓虹稱吳讓之是「善變者」，他在通力學鄧後，又以自己的善變，發揚鄧石如「印從書出，書從印入」的新境界，白文印常橫畫略粗於豎畫，富於筆意；細朱文印，則盡展其篆書的委婉流暢，全出於自家篆書的風彩，得心應手，達到了書印合一的境界。

（二）入古出新的創造──輕鬆澹蕩

沙孟海說：「吳熙載篆書純用鄧法，揮毫落筆，舒卷自如，雖剛健少遜，而翩翩多姿，有他新的面目。他在文藝方面把主要精力放在刻印上，運刀迅疾，圓轉流暢，功夫精熟，無論朱白文，在繼承鄧石如的基礎上，都有新的創意，形成他自己的獨特風格。特別是那種輕鬆澹蕩的境界，鄧石如印譜中不曾有過。」〔註25〕用筆虛和婉麗，點畫溫潤舒展而飄逸，書風有一種不食人間煙火的道家氣息，開創小篆風格的新境界，創造純屬自我的境界、格調、技法。

〔註23〕 吳讓之〈趙撝叔印譜序〉收錄於韓天衡《歷代印學論文選》（西冷印社，2006年6月3刷），頁606。

〔註24〕 〈書篆名家論吳讓之篆刻〉取自 blog.sina.com.cn/s/blog_3c5e679b0100pvn9.html（2012/08/08）吳讓之臨隸篆《天發神讖碑》一文。

〔註25〕 李剛田《中國篆刻技法全書‧吳讓之及其篆刻藝術分析》（西冷印社，2009年1月1版），頁300～301。

　　總之，吳熙載經由鄧石如而上追秦漢，以篆書為最佳，筆法婀娜端雅，有文人清剛之氣，是師鄧而能有所發展者。趙之謙在其印章邊款說：「息心靜氣，乃得渾厚。近人能此者，揚州吳熙載一人而已。」〔註26〕吳讓之為世所重，是因其篆、隸書及篆刻，趙之謙為世所重，在其將北碑融入書法及篆刻。碑派書家的特徵，即以篆法求其厚質，而隸書則求其洞達、茂密。從吳熙載的篆刻和篆書相對照，可以十分清楚地見到。

第二節　古拙樸茂的何紹基

　　何紹基是晚清書法大家，有清代第一之稱。何紹基處於金石、考據勃興，碑學興起的變革時代，在理論上既推崇碑學，又法唐學顏，採碑帖兼容的觀念，開創新書風，從而成為一代書法大師。

　　何紹基是清代道、咸之間繼阮元、包世臣鼓吹北碑理論之後，第一位在創作上全面實踐碑學主張的書法大家。他對篆分遺意的強調、專勤的師碑功力、獨特的執筆法，無不體現了碑學時代的風尚。成功的實踐，使其書法獨具特色。何紹基繼承碑學中的復古思想，對後世的啟發貢獻，無論是化篆分入行楷或者兼融碑帖，都預示著碑學革新的風向。

　　何紹基各體書中，均參有篆意，呈現古拙樸茂之趣。摹漢碑數十種，臨摹《禮器碑》、《張遷碑》多至百通，遂成一家。茲從其生平、學書歷程、作品分析、風格特色等探討其成功新變之處。

一、何紹基生平

　　何紹基（1799～1873），字子貞，號東洲居士，晚號蝯叟〔註27〕，湖南道州人，出生於書香世家。紹基自幼慧靜，濡染家學，父親何淩漢是一位學識淵博，書法精湛的朝廷要員，其四個兒子（何紹基、何紹業、何紹祺、何紹京）都成才，擅書法，時人譽為「何氏四傑」。何紹基為道光十六年（1836）進士，早年是阮元、程恩澤門生，後任翰林院編修、文淵閣校理等職。咸豐二年（1852）任四川學政，因謗卸官，主講濟南、長沙等地書院。何紹基博

〔註26〕趙之謙〈會稽趙之謙字撝叔印〉邊款，刊於二玄社《中國篆刻名品叢刊·26卷》，頁91。

〔註27〕漢代名將李廣，猿臂善射，因悟書法執筆、運臂的方法，通於射法，因此自號蝯叟。

涉群書，對於六經、子書、史學都有著述，他更精於小學，熟悉古代金石碑版的文字。同治十二年（1873）七十五歲病逝於蘇州。

何氏家族幾代人幾乎個個都精擅書法，可謂書法世家，為晚清書壇絕無僅有，其書法以隸書被譽為第一。著有《東洲草堂詩鈔》三十卷、《東洲草堂文鈔》二十卷、《說文段注駁正》1卷、《惜道味齋經說》、《說文聲訂》、《水經注刊誤》、《玄女室雜記》、《史漢地理合證》。有關其生平，我們從其學養、交往師友可探知一二。

（一）學養兼到

何凌漢重視子女教育，不僅傳授經史詩文，更重視品德教育。何凌漢以身教為子女作典範，在優良家風影響下，何紹基具備多樣的才能，《曾國藩家書》：

> 子貞之學長於五事。一曰儀禮精。二曰漢書熟。三曰說文精。四曰各體詩好。五曰字好。渠意皆有傳於後，以余觀之，字則必傳千古無疑矣。〔註28〕

曾國藩肯定何紹基長於五事，且認為其書法必傳千古。《曾文正日記》：「講詩、文、字而藝通於道者，有何子貞。」〔註29〕曾國藩說這些話在當時尚非中興名臣，何紹基的書法，亦未享大名。何紹基是六十以後，勤練漢隸八分，始享盛名。從曾國藩對何紹基的讚美，可知何紹基的學養兼佳。林昌彝《何紹基小傳》云：

> 於學無所不窺，博涉辭書。於六經、子、史，皆有著述，由精小學，旁及碑版文字，凡歷朝掌故，無不了然於心。〔註30〕

何紹基在經史方面有深厚的根柢和重要成就。何紹基於四川學政任上，請旨整頓弊端，咸豐帝責以肆意妄言，遂罷官，時五十七歲。五十八歲到六十二歲主講山東濼源書院。六十三歲到七十一歲主講長沙城南書院。七十三歲時曾國藩邀他主持蘇州、揚州書局，校勘大字《十三經注疏》。

（二）喜遊歷、交友、作詩

何紹基喜歡遊歷山水、交朋友，又是宋詩運動的主要人物。曹旭說：

〔註28〕唐浩明評點《曾國藩家書‧致諸弟‧道光二十二年十一月七日》（台北：麥田出版2月初版），頁45。
〔註29〕唐浩明評點《曾國藩家書‧致諸弟》（道光二十二年十二月二十日），頁51。
〔註30〕龍振球、何書置校點《何紹基詩文集》（長沙：岳麓書社，1992年），頁1074。

像李白一樣，一生好入名山遊的何紹基喜歡山水，喜歡交朋友。早
期的官宦、出差，使他遊歷了許多地方；在四川任上受降職處分後，
乘在山東、四川、湖南、江蘇、浙江等地書院講學的機會，何紹基
足跡遍及五湖四海，遍遊各地的名山大川。且每遊必詩，每詩必記。
所以，《東洲草堂詩鈔》中的山水旅遊詩歌很多，其中部分是訪碑尋
帖的詩；山水旅遊與詩歌創作，伴隨了何紹基的一生。〔註31〕

何紹基所到之處，必作詩，山水旅遊，尋訪碑帖與詩歌創作，伴隨了何紹基的
一生。他訪碑的目的不僅考訂經史，而且注意碑刻上的字體型態、書法風格。

　　何氏的師友，從文獻資料看不下數百人。較著者如前輩阮元、吳榮光、包
世臣、祁寯藻等。同輩如苗夔、張穆、龔自珍、魏源、王筠、曾國藩、林則徐、
李鴻章、吳式芬等。弟子如楊翰、林昌彝等。皆一時俊彥，這些人有的是金石
學家，有的是文字學家，有的是收藏家，有的是碑學理論家。何紹基在道光、
咸豐年間與程恩澤、祁寯藻、鄭珍、莫友芝等提倡宋詩運動〔註32〕，何紹基是
宋詩運動的中堅人物之一，詩清峭拔俗，近於黃山谷。

二、學書歷程

　　何紹基的學書歷程，十五歲以前可稱啟蒙期，十六歲至五十六歲可稱發
展期，五十六歲以後至七十五歲可稱成熟期。〔註33〕

（一）啟蒙期（16歲以前）

　　何紹基到底學何種碑開始，眾說紛紜，何自云學書歷程：

> 余學書四十餘年，溯源篆分，楷法則由北朝求篆分入真楷之緒，知
> 唐人八法以出篆分者為正軌。〔註34〕

此為何紹基跋《道因碑拓本》之內容，何紹基時為六十四歲，已學書四十餘
年，往前推十六歲以前，何紹基不當作是真正學書法。所以十六歲以前稱啟
蒙期。

　　何紹基出身書香世家，幼承庭訊，何淩漢偏好歐體，所以馬宗霍說：「早
歲楷書宗蘭台道因碑」。《清史稿》稱其「初學顏真卿」。徐珂《清稗類鈔》：

〔註31〕曹旭《論近代詩人何紹基》www.morujin.com/viewthread.php?tid=13889。
〔註32〕清道光、咸豐之際詩壇興起學宋詩，由學東坡、山谷上溯杜甫、韓愈，提倡以
　　　　學問補充性情。
〔註33〕依據崔偉著《中國書法家全集・何紹基》一書分期。
〔註34〕《東洲草堂金石跋・跋道因碑拓本》（學海出版社，1981年11月初版），頁182。

「子貞太史工書，早年仿北魏，得玄女碑寶之。」〔註35〕三種說法不一，然皆似有道理。惟何紹基得張黑女墓誌拓本，據年表為道光五年，時年二十七歲。因此《清稗類鈔》所言早年，已超過十六歲的啟蒙期。十六歲以前，當時年紀還小，在家庭影響下學習，對學書法概念還不清楚，在現實生活中，何者先學？何者後學？亦非死板固定。學歐、學顏皆有可能，而且科舉時代學書一般都從唐楷開始。

（二）發展期（16～56歲）

何紹基楷法則由北朝求篆分入真楷之緒。發展期時間較長，重點主要學北碑，何紹基云：

> 余學書從篆分入手，故於北碑無不習，而南人簡札一派，不甚留意。

> 又云：余肆書氾濫六朝，仰承庭誥，惟以橫平豎直四字為律。〔註36〕

何紹基仰承庭誥，以橫平豎直為律，其於北碑無不習，窮日夜之力，懸臂臨摹，務得生氣，用功之勤可知。至於南人簡札一派不甚留意，這顯然不是事實。馬宗霍早發現何自述學書自相矛盾。馬宗霍曰：「蝯叟自謂于南人簡札一派不甚留意，然余嘗見其臨《懷仁集聖教序》，風化韻流，直造山陰堂奧。」〔註37〕姜一涵說：「何紹基三十八歲中進士，其自述寫的策仍純然用顏體，蝯叟的學書歷程自述是矛盾的。」〔註38〕姜一涵又說：

> 何三十八歲以顏體入仕途，受阮元、鄧石如、包世臣大力尊碑抑帖
> 的影響，想儘量把自己的舊習氣和真功夫掩藏起來，而特強調自己
> 在碑上所下的工夫，並決心在以碑為主的時風下開宗立派、出入古
> 今、縱橫一世。〔註39〕

從時代風尚和心理學分析，可知何紹基自言「余學書從篆分入手」一語不是事實。而向燊所言：「蝯叟博洽多聞，精於小學，書由平原，蘭台（歐陽通）以追六朝秦漢三代古篆籀。」〔註40〕向燊所言應較為切近事實。由此亦可見何紹基是碑帖兼學的。

〔註35〕徐珂《清稗類鈔·藝術類》（台北：台灣商務印書館，1983年10月台2版），頁7。
〔註36〕馬宗霍《書林藻鑑·何紹基》蝯叟自評一則，頁431～432。
〔註37〕何書置編《何紹基書論選注》（湖南：美術出版社，1988年5月版。），頁226。
〔註38〕《紀念何紹基兩百週年誕辰海峽兩岸學術研討會論文集》，頁17。
〔註39〕《紀念何紹基兩百週年誕辰海峽兩岸學術研討會論文集》，頁18。
〔註40〕馬宗霍《書林藻鑑·何紹基·向燊云》，頁433。

1. 研究說文　溯源篆分

何紹基說：「余二十歲時，始讀《說文》，寫篆字。」〔註41〕說文是清代樸學主要內容，說文主要是小篆。研究說文本意是為治學需要，但對文字演變與書法發展幫助很大。何紹基的隸書、行書成就最大，於漢碑無所不習，行楷之妙，實由篆分溯源，故氣渾而韻厚。張舜徽《清人文集別錄》云：

> 紹基於經學、小學，用力最深。邃於許書及金石刻辭。首批王筠說文釋例稿本，蠅頭細書，考訂精審。又手批十三經注疏，楷法端整，無一筆草率。想見其治經專謹之致。世徒重其書法為有清第一，而不知其博極群書。學有本源，書法特其餘事耳。即以書法論，亦非後人所易學步。其一生臨池之功，至老不廢，摹漢碑每種至數百通，晚年乃無一相似者，神明變化自成一體。蓋臨摹之初，惟恐其不似，及其專力致精，惟恐其似，入而能出惟大家為然。〔註42〕

何紹基於經學、小學，用力最深，又手批十三經注疏，學有本源，其書法臨池用功之勤，摹漢碑每種至數百通，亦非後人所易到。由此當知學藝者，學問根基與精勤之重要矣。

2. 博學北碑、唐碑　獨鍾黑女

何紹基中年極意北碑，尤得力於《黑女志》。馬宗霍《霎岳樓筆談》云：

> 道州早歲楷書宗蘭臺道因碑，行書宗魯公爭坐位帖、裴將軍詩，駿發雄強，微少涵渟，中年極意北碑，尤得力於黑女志。遂臻沉著之境，晚喜分篆、周金漢石，無不臨摹，融入行楷，乃自成家。小真書由麻姑壇入，……晚歲行書多參篆意，純以神行……所臨三代鼎彝款識，皆自出機杼。……分書博覽兼資，自課之勤，並世無偶。〔註43〕

何紹基書法，早年宗《道因碑》楷書、顏真卿楷行書，中年極意北碑，尤得力於《黑女誌》。根據王冬齡編《何紹基年表》道光五年乙酉（1825）二十七歲春，於濟南得奚林和尚所藏《魏張黑女墓誌》及《石門頌》。有詩云：「肆意搜盡北朝碑，楷法原從隸法遺。棐几名香供《黑女》，一生微尚幾人知。」〔註44〕後來的康有為在《廣藝舟雙楫》中提出「尊魏卑唐」，而何紹

〔註41〕何書置《何紹基書論選注・書鄧完白先生印冊後為守之作》，頁23。
〔註42〕張舜徽《清人文集別錄・東洲草堂文鈔二十卷・家刻本》（台北：明文書局，1982年2月初版），頁448。
〔註43〕馬宗霍《書林藻鑑・何紹基・霎岳樓筆記則》，頁433～434。
〔註44〕何書置《何紹基書論選注・題張黑女志》，頁157。

基對唐碑則採更寬闊的胸襟,在對《道因碑舊拓本》跋云:

> 有唐一代,書家林立,然意兼篆分,含包萬有,則前惟渤海,後為
> 魯國,非虞褚諸公所能頡頏也。此論非深於篆分真草源流本末者,
> 固不能信。〔註45〕

對唐碑何紹基所追求的就是篆分遺意,所謂「篆分遺意」指藏鋒逆入與筆毫平鋪、筆心居中澀行之用筆而言。包世臣〈答熙載九問〉云:「真書能斂墨入毫,使鋒不側者,篆意也;能以鋒攝墨,使毫不裹者,分意也。」〔註46〕而唐碑中有篆分遺意者惟歐陽詢父子與顏真卿。何紹基認為《道因碑》險勁橫軼處,往往突過乃翁。中年極意北碑,其跋《張黑女墓志拓本》云:

> 余自得此帖後,旋觀海於登州,既而旋楚,次年丙戌入都,丁亥遊
> 汴,復入都旋楚,戊子冬復入都,往返二萬餘里,是本無日不在篋
> 中也。船窗行店,寂坐欣賞,所獲多矣。……余既性嗜北碑,故摹
> 仿甚勤而購藏亦富,化篆分入楷,遂爾無種不妙,無妙不臻,然遒
> 厚精古,未有可比肩張黑女者〔註47〕

《張黑女墓志》對何紹基一生書法風格演變,扮演重要的角色。何評此碑:遒厚精古,未有可比肩者。對張黑女推崇備至。然觀何紹基作品,顏體影響似比《張黑女墓志》大。

(三)成熟期(56~75歲)

五十六歲以後為成熟期,此時作書皆用我法。此時期風格由瀟灑典雅轉為遲澀蒼茫。五十七歲罷官後有更多時間研究書法。其孫何維樸云:

> 咸豐戊午,先大父年六十,在濟南濼源書院,始專習八分書,東京
> 諸碑次第臨寫。自立課程,庚申歸湘,主講城南,隸課仍無間斷,
> 而於禮器、張遷兩碑用功尤深,各臨百通。〔註48〕

何紹基六十歲始專習八分,而用功甚勤,自立課程。於漢碑至少臨過《張遷碑》、《禮器碑》、《衡方碑》、《曹全碑》、《乙瑛碑》、《西狹頌》、《史晨碑》、《華山碑》、《石門頌》、《武榮碑》等十種。晚又喜臨篆書,主要臨習《石鼓文》、《毛公鼎》、《楚公鼎》、《宗周鐘》、《叔邦父簋》等二十餘種。〔註49〕

〔註45〕何書置《何紹基書論選注・跋魏張黑女墓誌拓本》,頁47。
〔註46〕包世臣〈答熙載九問〉收錄於黃簡《歷代書法論文選》,頁660。
〔註47〕《何紹基詩文集》,頁883。
〔註48〕馬宗霍《書林藻鑑・何紹基・何維樸語》,頁432。
〔註49〕崔偉著《中國書法家全集・何紹基》(河北教育出版社,2002年5月1版),頁85。

其實何紹基對隸書的學習，中年即已開始，專習則在六十以後。我們從曾國藩於道光二十二年（1842）致（澄弟、溫弟、沅弟、季弟）的信有：「子貞臨隸字，每日臨七、八頁，今年已千頁矣。」〔註50〕據年譜道光二十二年，當時何紹基四十四歲。

晚年喜分篆、周金漢石。各體均參篆意，行書根植于顏真卿《爭座位》，而將周金、漢石、魏碑融入行楷，這是他成功所在。

三、書學主張

一個書家的審美追求，決定他的書法風格。而影響風格的因素很多，主要來自學問見識與個性。何紹基如何塑造自己的書法風格呢？出身書香門第的何紹基，主要受儒家思想影響。我們從其書學主張，應可窺見大概。

1. 書與性道通

何紹基說：「書雖一藝，與性道通，固自有大根巨在。」〔註51〕也就是說書法與儒家心性、性命、仁義之道相通。心性之學是儒家思想的核心重點，明代張居正說：「善學不究乎性命，不可以言學。」〔註52〕何紹基成長於書香世家，受父親影響，濡染家學，據年表載：十一歲至十三歲，居京拜錢塘孫鏡塘為館師，十四歲隨父母居京，少有名，得阮元、程恩澤賞識。可見自小接受儒家文化洗禮，何紹基說：

> 詩文字畫不成家數，只是枉費精神。然成家尚不從詩文字畫起，要從作人起。自身心言動，本末始終，自家打定主意，做個什麼人，真積力久自然成就……人做成路數，然後用功於文字，漸漸搬移，其藝必成，適肖其人。〔註53〕

何紹基認為作詩、書法與作人的道理相通，亦即與性道相通。何紹基得出結論：「人與文一，是為人成，是為詩文之家成。」〔註54〕他從詩文悟出書法的道理，詩文書畫其理相通，蓋皆與性情相關。何紹基說：

> 作詩文必須胸有積軸，氣味始能深厚。然亦須讀書，看書時從性情

〔註50〕《曾國藩家書·道光二十二年十一月十七日》。

〔註51〕何書置《何紹基書論選注·跋張荐珊藏賈丘壑刻閣帖初拓本》，頁87。

〔註52〕張居正〈翰林院讀書說〉：學不究乎性命，不可以言學；道不兼乎經濟，不可以利用；故通天地人，而後可以謂之儒也。

〔註53〕崔偉《中國書法全集·何紹基》，頁57。

〔註54〕王冬齡《書譜·五十三期·碑學大師何紹基》，頁28。

上體會，從古今事理上打量。與書理有貫通處，則氣味在胸，握筆
時方能流露。〔註55〕

從性情上體會，從事理上打量。所以要豎起脊梁，立定腳跟、要有真性情、
要去俗、要立誠不欺。何紹基認為詩文字畫要充分表現性情，要合乎道。這
與「書為心畫」相通，儒家重視「書品即人品」、「書人合一」，講求書如其人，
即如其人之心性、品德、學問。人格美，是真善美的結合，所以是最美的，
代表一個人的生命境界。

2. 書歸篆隸

何紹基的書法學習過程，肯定是伴隨著篆書的學習過程。何紹基說：「余
學書從篆分入手，故於北碑無不習。」〔註56〕隨著書法造詣加深，認識到篆
書的重要性，更加重視與強化，更何況學篆並不影響對顏真卿書法的學習。
二十歲研究《說文》，研究《說文》須先識篆，通曉篆書則對文字的結構就
不會下筆乖舛。最重要的是學篆可知中鋒用筆，這一點對書法線條質感極為
重要。中鋒用筆是中國書法最基本的用筆方法，也是最關鍵的用筆方法，甚
至憑藉是否中鋒用筆，可以鑒別出書法的好壞。何紹基〈與汪菊士論詩〉曰：

寫字用中鋒，一筆到底，四面都有，安得不厚？安得不韻？安得不
雄渾？安得不淡遠？這事切要握筆時提得起丹田工，高著眼光，盤
曲縱送，自運神明，方得此氣。當真圓，大難，大難。〔註57〕

由此可見其對中鋒的高度重視和深刻理解。中鋒用筆，可以使線條厚實、圓
潤、飽滿、充滿生機，也可使書法含篆籀氣，使書法呈現出質樸、古厚之審
美個性，這與中國文化審美的終極價值一致。清代碑派書家，無不擅長隸書。
通隸書可上追篆，下開真，旁涉行草，左右逢源。何紹基六十以後專習隸書，
所臨漢隸有多至百本。篆隸的用筆遲澀穩健，以篆隸融入各體，冶為一爐，
神明變化，不可測矣。

3. 書家須自立門戶

何紹基書法，出入漢魏，於六朝碑版和篆隸，無一不學，得其風骨，故能
變化揮灑自如，從心所欲不踰矩。主張書家要自立門戶，反對專重臨摹，沒有
自己的獨特風格。他說：「書家須自立門戶，其旨在鎔鑄古人，自成一家，否

〔註55〕王冬齡《書譜‧五十三期‧碑學大師何紹基》，頁 28。
〔註56〕何書置《何紹基書論選注‧跋國學蘭亭舊拓本》，頁 27。
〔註57〕王冬齡《書譜‧五十三期‧何紹基與汪菊士論詩》，頁 27。

則習氣未除，將至性情不能表現於筆墨之外。」〔註58〕何紹基是用這種態度來
汲取古人長處的，所以他臨的碑版沒有與原碑完全相似的。馬宗霍說：

> 每臨一碑，多至若干通，或取其神，或取其韻，或取其度，或取其
> 勢，或取其用筆，或取其行氣，或取其結構分佈，當期有所取，則
> 臨寫時之精神，專注於某一端，故看來無一通與原碑全似者。昧者
> 遂謂蝯叟以己法臨古，不知蝯叟欲先分之以究其極，然後合之以匯
> 其歸也。且必如此而後能入乎古，亦必如此而後能出乎古，能入能
> 出，斯能立宗開派。〔註59〕

馬宗霍的說法太過神奇，每次臨摹取不同角度，先分究其極，然後匯歸，能
入能出，所以能開宗立派。何紹基臨古，是否有這樣周密的考慮，讓人懷疑。
但何紹基確實遍臨漢碑，用功至勤，揉合漢魏之長，加上己意，創立新風格。

4. 重骨輕姿　橫平豎直

　　何紹基重骨輕姿，推崇唐朝歐陽通的《道因碑》，認為《道因碑》險勁橫
軼，往往突過乃翁。何紹基於北碑無不臨習，故他的楷書，力厚骨勁，氣韻蒼
遒，既有唐人法度，又有六朝風骨，獨樹一幟。何紹基書法重骨力，主要得之
於對漢隸的臨摹，尤其對《禮器碑》與《張遷碑》所臨百餘通。

　　何紹基以橫平豎直為書律，並批評包慎伯扁筆側鋒，不講「平」、「直」，
理由何在？王冬齡說：「何紹基在結字上主張橫平豎直，在用筆上強調中鋒。」
〔註60〕若結字要橫平豎直，則與算子何異？何紹基所言「橫平豎直」當指用
筆中鋒之意。批評包世臣于平、直二字，全置不講，扁筆側鋒，滿紙俱是。
因此可知橫平豎直，是指中鋒用筆。

　　何紹基說「橫平豎直生變化」，其實是要從橫平豎直中生出險妙，要生出
險妙，關鍵在橫要縱橫有象，豎要不令邪曲，用迴腕執筆法，追求筆筆中鋒，
使其勁險欹側，變化萬千，寫出獨特風格的書法。

　　何紹基以橫平豎直為書律，這是由其父所傳之庭誥，何紹基對「平」、
「直」深有體會。陳欽忠說：「何紹基對顏真卿孺慕之深，故能以意逆志，
發現真卿述張長史筆法十二意中『平』、『直』〔註61〕二意的精髓。開始其『縱

〔註58〕蔣文光〈何紹基的書法藝術〉收錄於《書譜五十三期》，頁 15。
〔註59〕馬宗霍《書林藻鑑・何紹基》，頁 434。
〔註60〕崔偉著《中國書法家全集・何紹基》，頁 73。
〔註61〕長史乃曰：「夫平謂橫，子知之乎？」僕思以對曰：「嘗聞長史示令每為一平

橫有象，不令邪曲』之書法視界。終以『筆筆正鋒』為歸宿，所創艱難迴腕運筆之法，即期到此。」〔註62〕橫平豎直，一般人很容易誤解為橫畫要平，豎畫要直。陳欽忠認為鄧石如「純用筆心」、「陡起直落」，「備盡轉折，不使敧斜」，也即真卿「縱橫有象，不令邪曲」的「平」、「直」精義。在何看來，包世臣對鄧石如起碼的理解都沒有，更談不上知鄧先生最深。陳欽忠道出其來源與關鍵重點。

5. 碑帖兼容

處在碑學盛行的時代，何紹基雖未明確提出碑帖兼容，但已有此種認識與作法。阮元在《北碑南帖論》中說：「是故短箋長卷，意態揮灑，則帖擅其長。界格方嚴，法書深刻，則碑據其勝。」〔註63〕此語道出兩者差異，既說明碑帖的優點，也道出了各自的不足。碑家多不擅長行草，但何紹基卻擅長行草，喜臨顏《爭坐位稿》。在各體書中以行草成就最高。劉恒說：

> 其行書以顏真卿的《爭座位帖》為根基，反復臨習，精熟於胸，四十歲前已得神似，以後隨著對北碑一派風格技法的體會把握漸深，遂將自己在楷書方面的用筆特點引入行書，一變顏真卿行書的點畫圓渾，氣韻內斂為筆勢開張，筋骨縱肆。其最主要的特點是下筆堅實道厚，力重勢沉，而以濃墨澀行為要。〔註64〕

何紹基這一化碑入帖的作法即是碑帖兼融的最好說明。阮元與包世臣在理論上提倡碑學，在行草上仍以帖學為旨歸。啟功評述包世臣書法時，認為他未在碑學上下功夫。何紹基是阮元的學生，對書法頗有自覺，對包世臣的書法表不滿，認為包於北碑未為得髓也。主要的是包世臣用筆未能橫平豎直，亦即未能中鋒用筆。

總之，何紹基書學歷程，幼承庭訓，早年以顏、歐為基礎，中年博習南北朝書，尤喜《張黑女墓誌》，晚喜周金漢石。上自周、秦、兩漢古篆籀，下至南北朝、隋、唐碑版，心摹手追，由北朝求篆分入真楷之緒。行草書成就尤其突出。馬宗霍稱其自課之勤，並世無偶。

畫，皆須縱橫有象。此豈非其謂乎？」長史乃笑曰：「然」。又曰：「夫直謂縱，子知之乎？」曰：「豈不謂直者必縱之不令邪曲之謂乎？」
〔註62〕陳欽忠〈何紹基書學中的顏體內涵及其效應〉一文。收於紀念何紹基海峽兩岸學術研討會論文集。頁105。
〔註63〕黃簡《歷代書法論文選‧阮元北碑南帖論》，頁637。
〔註64〕劉恒《中國書法史‧清代卷》，頁204～205。

何紹基並無專門的書論著作，我們從《何紹基書論選注》〔註65〕的詩文、題跋中可知他的書法審美追求是崇尚古拙，講求真氣流貫，莊正典型，書學思想主張書歸篆隸，書家要自立門戶，重骨輕姿，具碑帖兼容的精神。

四、作品分析

何紹基書法成就最高者為行書。本論文以研究其篆隸為主，何紹基六十以後專習隸書，晚年將重點放在商周金文上，再融入行草。茲將其篆隸作品擇要分析。

（一）隸書

廣為取法漢碑，在《石門頌》、《張遷碑》、《衡方碑》、《西狹頌》用力最多。何紹基隸書主要淵源於《張遷碑》，作品具有漢隸的神韻。其所臨漢碑既能不失其精神而又能自成面目，所謂遺貌取神，充分體現了其在書法上的融會貫通本領，為清代碑派書家取法漢隸開闢了一種嶄新氣象。何紹基隸書作品分臨摹與創作兩種。何紹基所謂的臨，與原碑不同，實為托古求新。此《石門頌》、《張遷碑》、《衡方碑》生前所臨不下百通。

1. 臨《石門頌》分析

《石門頌》清楊守敬《平碑記》稱：「其行筆真如野鶴閒鷗，飄飄欲仙，六朝疏秀一派，皆從此出。」〔註66〕其書導源古籀，筆勢豪宕奇崛，淹有漢魏風骨，合於規矩而不縛於規矩。所謂鋒藏筆中，意在筆先也。

何紹基臨《石門頌》外觀不同於原作。臨《石門頌》雜出《禮器碑》的筆法。細筋入骨，妙到毫顛，顯得古樸蒼勁。再現了《石門頌》蕭穆敦厚，含蓄蘊藉，灑脫圓勁之風。在臨寫的意境上有力地開拓了《石門頌》為隸中草書的精神，全篇柔中含剛，縱逸飛動，意態超然。此作時露峭拔的形態，不似原作流暢。然而以劉熙載《書概》所言：「以峭激蘊紆餘，以倔強寓款婉」〔註67〕的境界來看，筆力渾厚，字如屈鐵枯藤。書體是自己的筆法，卻具有漢隸的神韻。章法上，虛實相間，字與字雖無牽連之筆，卻使人感到氣勢緊密，生動耐看。可以說是把原作的精神體現得淋漓盡致，把自家的特色展露無遺。

〔註65〕何書置於 1986 年集成《何紹基書論選注》（1993 年台北蕙風堂出版）。
〔註66〕金其楨《中國碑文化‧石門頌》，頁 105。
〔註67〕金學智《書概評注》（上海書畫出版社，2007 年 7 月 1 版），頁 32。

圖 5-2-1 《石門頌原拓局部》

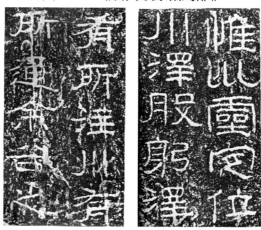

圖 5-2-2 何紹基臨《石門頌》

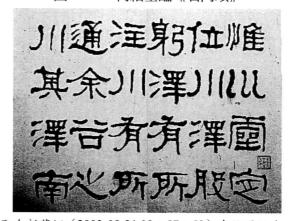

取自新華網（2003-08-21 08：57：52）未註明尺寸。

2.《張遷碑》臨本分析

《張遷碑》，漢靈帝中平三年（西元 186 年）碑立於山東東平縣。碑文記載了張遷的政績，此碑書法樸厚勁健，方整古拙。此碑用筆以方筆為主，於方直中寓圓巧，筆畫粗細相間，生動自然，沉著方勁。學漢隸者，都推崇此碑。

何氏所臨《張遷碑》，多至百遍，此作當為晚年所臨。何氏所臨《張遷碑》，參以篆籀筆法，字如屈鐵枯藤，字的外貌不似原作，卻不失其樸拙，結字重心偏上，筆畫勁鍊，字形亦不方整，是臨意不臨形，可視為創作。啟功說：學習碑刻要「學書別有觀碑法，透過刀鋒看筆鋒。」〔註68〕根據沙孟海對《畫承夫婦磚志》所見，書丹而未刻者運筆與我們今日寫法相同，經過刀刻，便成了筆

〔註68〕啟公《論書絕句·32》（北京：三聯書店，2002 年 7 月 1 版），頁 64。

筆方飭，失去運筆跡像。啟功的觀碑法是說刀鋒掩蓋了筆鋒，是刀痕更動了墨蹟，我們要透過刀鋒，去想像筆鋒的原貌。因此臨碑不要寫的與刀刻的一樣。何紹基此臨使人明白漢碑的用筆、結體原由之所在。雖不似原作，卻精神都蘊涵其中，此即「遺貌取神」。

圖 5-2-3　《張遷碑原拓局部》

圖 5-2-4　何臨《張遷碑》

何臨《張遷碑》取自國立故宮博物院（譚伯羽、譚季甫先生昆仲捐贈）
www.npm.gov.tw/exh94/painting9407/m02a.html（2012/08/05）。

3.《臨衡方碑四屏》分析

《衡方碑》東漢靈帝建寧元年,(公元 168 年刻),以古拙渾厚,樸茂雄強著名。伊秉綬隸書以學此碑入手,終成一代宗師。凡筆力弱者可臨此碑加以補救。何紹基稱此碑,方古中有倔強氣,自是東京傑跡。感悟出楷法原從隸法遺的真諦,這便是他為什麼要臨寫《石門頌》、《張遷碑》、《禮器碑》和其他漢碑百數十通的原因。楊守敬說:「《衡方碑》古健豐腴,北齊人書多從此出,當不在《華山碑》之下。」〔註69〕何紹基此臨《衡方碑》與原碑相去甚遠,取神韻多於襲原貌,是入我神。在用筆上,可能過於濃墨飽蘸,又加上起筆回鋒藏頭,致使多處出現漲墨現象。章法上,虛實相間,字與字雖無牽連之筆,卻使人感到氣勢緊密,生動耐看。風格已相對成熟,古茂樸厚,運筆渾圓,筆畫灑脫空靈、峻逸。從容於臨、創之間,臨摹、創作合為一體,界限不復存在,從臨摹到創作已達到無礙的境界。

藝術中存在著兩種形式表現和藝術風格。一種以摹寫客體真實為創作,即寫實(現實)主義。一種是以抒發主體精神為創作,即浪漫(表現)主義。何紹基此作雖名臨《衡方碑》,實際是以己意臨寫,因此可視為表現型創作。

圖 5-2-5 《衡方碑原拓局部》

〔註69〕金其楨《中國碑文化‧衡方碑》,頁 123。

圖 5-2-6　何紹基《臨衡方碑四屏》

取自《中國書法全集‧何紹基》（河北教育出版社）

尺幅：128.8cm×32cm。

4. 何紹基《隸書四條屏》分析

何紹基《隸書四條屏》為臨寫《史晨碑》的隸書，而富於變化，筆法淵源于《張遷碑》、《石門頌》、《禮器碑》，可是又不受其約束，而是在臨摹漢隸的基礎上，鎔鑄古人，形成了自己獨特的風格。《隸書四條屏》可謂其隸書的代表作。

此作章法通篇體勢嚴整，筆法穩健，線條如萬歲枯藤具立體感。風格秀逸而又雄渾古樸。字取縱勢，體類楷書，一反漢隸方偏的體勢。中鋒用筆，逆入平出。結體橫畫多左高右低，豎畫有的取彎勢，撇捺左右張開。個別字獨立地看重心似不穩，但整幅看，卻給人以諧調的美感。在清代眾多篆、隸書家中可謂獨樹一幟，由此可知何紹基獨特的審美追求。

5.《贈荔仙五言隸聯》分析

此聯取材《詩經》與《淵明詩》隸書大字，章法嚴謹，疏密得當，矯健挺拔，方圓兼備，整幅作品氣勢磅礴，雄強之美外溢。

《詩經‧邶風》：「駕言出遊，以寫我憂。」駕言是駕車之意。「言」是助詞。淵明詩：「少年罕人事，游好在六經。」游好，留心愛好之意。劉剛評曰：「寓流動於平正，藏精巧於古雅，舉重若輕，遊刃有餘，落筆灑脫，皆隨意

而自然，有清雅之氣。」〔註70〕能融《張遷碑》、《衡方碑》之長而會以己意，用自己的筆法，寫出具有漢隸神韻的字。何紹基對《衡方碑》甚為推重，此作取法張遷、禮器、乙瑛。

圖 5-2-7　何紹基《隸書四條屏》　　　圖 5-2-8　《贈荔仙五言隸聯》

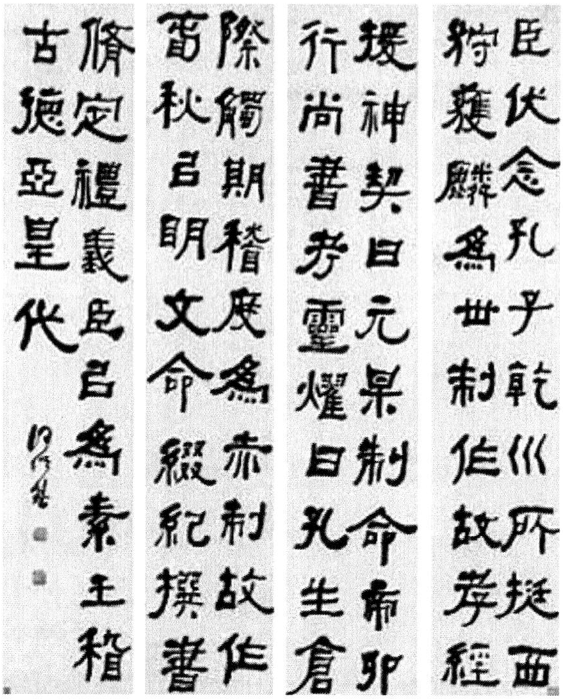

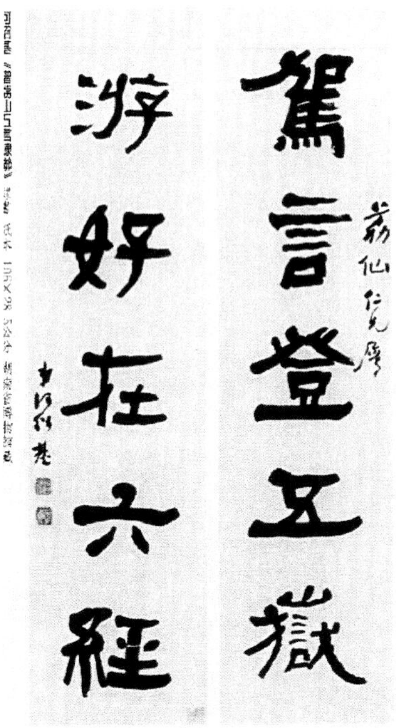

取自新華網 big5.xinhuanet.com/gate/big5/.../content
_11411903.htm（2012/08/03）

取自何紹基（台北石頭出版社），
頁 14。尺幅：106cm×28.5cm。

　　總之，何紹基所臨《石門頌》、《張遷碑》、《衡方碑》得其秀逸疏朗，精神飛動，學之可免枯窘、呆滯之病。何紹基臨寫漢碑，並不在意筆畫的外在形態，用他所理解的篆分用筆法即橫平豎直，中鋒的用筆，選擇具有代表性的反復臨摹，取其精髓，重其風神韻致。用筆凝重蒼厚，字形端莊，全以己意為之，運筆有時加入頓挫顫抖，用墨濃濕豐腴，放筆直書，大氣雍容。何紹基自云：「書法須自立門戶，其旨在鎔鑄古人，自成一家。否則習氣未除，將至性情不能表見於筆墨之外。」〔註71〕所臨漢碑不失精神，神明變化，自成一體，表現融會貫通的本領。

〔註70〕劉剛《紀念何紹基兩百週年論文集·論何紹基之書法藝術成就》，頁 54。
〔註71〕何紹基《東洲草堂詩集·附錄二序跋·使黔草鄔鴻遠敘》，頁 896。

（二）篆書

何紹基自云：「余二十歲始讀《說文》，寫篆字。」〔註72〕何紹基少年即治印，治印須識篆，其篆刻師法漢印，再師皖、浙兩派。他小學根底深，亦通金文，曾為阮元校訂《積古齋款識釋文》校訂一百五十四則。〔註73〕其篆書取法高古，以三代篆籀之法入小篆，又將行書筆意納入小篆筆法，用筆打破小篆的筆筆中鋒，方、圓、尖、扁、藏、露俱全，不拘一格，一改以靜為主，而動靜結合。對篆書的書法創作上，作品數量不多，但品味高。根據日本二玄社《書跡名品叢刊》，何紹基臨習了《石鼓文》、《毛公鼎》、《楚公鼎》、《宗周鐘》、《蔡殷》、《叔邦父簋》等二十餘種。〔註74〕筆道上，方筆圓筆、粗筆細筆渾然一體，呈現出獨具一格的篆書風貌。

1.《論書軸》分析

何紹基篆書出自周秦籀篆，以金寫篆，極重氣韻，不以分佈為工，而以挺拔雋逸見長，以圓潤婉遒見性。何紹基用三代彝鼎文字的理意作小篆，又納入行書筆意，讓人感覺有動有靜，動靜結合。不同於李陽冰的玉箸篆。李陽冰將秦篆之上密下疏，改為上下停勻，但整體格調仍不出單一的平正勻稱。分析如下：

(1) 用筆：筆法凝重，非一律中鋒圓筆，而是方圓尖扁，行草八分筆意色色俱全。

(2) 結體章法：絕無造作，不以分佈為工，頗有風行水上，涉筆成趣之妙。

(3) 墨法：初下筆墨稍感濃黑外，大抵均勻，墨彩噴溢。

(4) 風格：帶有隸書的線質，動靜結合，古拙而有奇趣。

2.《篆書七言聯》分析

此《篆書七言聯》小篆風格如《論書軸》而更為縱放些。結構謹嚴，佈局沉穩，用筆揮灑自如，且富有變化，頗具韻味。何紹基精研說文，亦通金文，何紹基用三代鼎彝文字的理意作小篆，不同於玉箸篆，亦區別於以隸法作篆的鄧石如，自出機杼，開創新路，自成一格。

〔註72〕何書置編《何紹基書論選注‧年譜‧二十歲》，頁247。

〔註73〕《書譜‧五十三期‧王冬齡‧碑學大師何紹基》，頁25。

〔註74〕根據日本二玄社《書跡名品叢刊》所載。

圖 5-2-9 《論書軸》　　　　　　圖 5-2-10 《篆書七言聯》

取自《中國書法家全集·何紹基》，頁 160。
尺幅：103.3cm×62.3cm。

取自紀念何紹基二百周年誕辰海峽
兩岸學術研討會論文集。頁 65。未註
明尺寸。

3.《篆書鏡臺銀帶屏》分析

此件《何紹基篆書四條屏》如屈鐵枯藤，字體渾厚雄重，將行書的氣、隸書的勢，有機地揉入。筆法上，方筆圓筆、粗筆細筆，渾然一體，所呈現出獨具一格的篆書風姿。分析如下：

（1）用筆：打破以往小篆的單調節奏，筆端出現輕重緩急，起伏提按。線條粗細相間，左右擺動，不以平正勻稱為要求。「古、雲、巧」三字，橫畫成凹勢，帶有隸意。

（2）結體：時有犯險之意，不衫不履而雄渾古厚，草情篆韻，寫來輕鬆自在，使單調古板的小篆添加趣味。

（3）墨法：濃淡乾枯兼而有之，使作品更為豐富有趣。

圖 5-2-11　《篆書鏡臺銀帶屏》

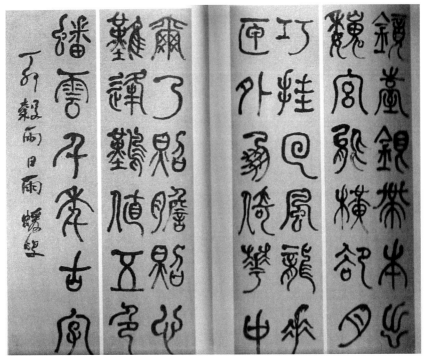

《篆書鏡臺銀帶屏》取自《中國書法家全集・何紹基》，頁 159。尺幅：
114.5cm×28cm。

五、風格評價

　　何紹基既在理論上不僅推崇北碑與漢碑，同時也推重唐碑，於顏真卿、
歐陽通、李北海三家致力甚勤，又致力於書法之創新，獨立於晚清書壇，從
而成為一代碑學大師，被譽為三百年來第一人。林昌彝在《何紹基小傳》中
稱：「書法具體平原（顏真卿），上溯周、秦、兩漢古篆籀，下至六朝碑版，
搜輯至千餘種，皆心摹手追，卓然自成一子，草書尤為一代之冠。」〔註75〕
此可謂全面性的學習，用功精神可知。書法功力性情須兼備，性情尤需藉功
力方能展現。

　　曾熙評曰：「本朝言分書，伊、鄧並稱。伊（秉綬）守一家，尚涵書卷之
氣。鄧（石如）用偃筆，肉豐骨嗇，轉相仿效，習氣滋甚。道州以不世出之
才，出入周秦，但取神骨，馳騁兩漢，和以天倪。」〔註76〕出入周秦，即是

〔註75〕何書置《何紹基書論選注》，頁 265。
〔註76〕曾熙對清朝隸書大家與何紹基隸書之評語。

學金文、小篆，馳騁兩漢，即是學古隸、八分，但取神骨，就是不拘外在形貌，惟求骨力精神。由此可知，何紹基臨摹碑帖是遺貌取神。

向燊云：「蝯叟其分隸行楷皆以篆法行之，如屈鐵枯藤，驚雷墜石，真足以凌鑠百代矣。世稱鄧石如集碑學之大成，而於三代篆籀未之逮，蝯叟通於篆籀各體，遂開光、宣以來書派。」〔註77〕此言學書溯源三代，融通篆籀各體，可以開新。

何紹基的書法都根源於篆隸，會通魯公、北海，自成一體，使得各種書體能沉著厚重，具有篆籀之氣，顯得格調高古、氣息醇厚。

何紹基書法用筆方圓兼施，結體篆情隸意，溯源篆籀，融碑入帖。趙之謙在為紹基弟子藍州作北魏書一聯，題款中稱：

> 何道州書，有天仙化人之妙，余書不過著衣吃飯凡夫而已。藍州仁
> 兄學道州書得其神似，復索余書，將無厭家難乎？之謙。〔註78〕

趙之謙尊何紹基為前輩，並稱其書有天仙化人之妙，此當指行書而言，可謂讚譽有加。楊守敬說：「其行書如天花亂墜，不可捉摹。」〔註79〕當代書家沙孟海對其隸書評價道：

> 其隸書的好處，在有一縷真氣，用筆極靈空，極灑脫，看過處很潦
> 草，其實他不肯絲毫苟且的。至於他的大氣盤旋處，更非常人所能
> 望其項背。他生平遍寫各體隸碑，對於《張遷》的功夫最深。他的
> 境界雖沒有像伊秉綬的高，但比桂馥來得生動，比金農來得實在，
> 在隸家中，不能不讓他佔一席位次。〔註80〕

沙孟海讚美其隸書有一縷真氣，用筆極靈空，大氣盤旋，於《張遷》的功夫最深。且與三位隸書大家比較，讓我們對何紹基的隸書，有更深入的了解。亦可見其隸書在書家心目中的崇高地位。王壯為在《書法叢談》說：

> 篆書我看到的很少，但分書恐怕是他四體中造詣最高的一種了。我
> 曾有幸看到他所臨漢碑真蹟六七種之多，即是以前商務印書館影印
> 十種原本的大部分。大約都是主持四川學政五十五以後所書。真如
> 精金百鍊，璞玉天成，好到無以復加了。〔註81〕

〔註77〕馬宗霍《書林藻鑑‧何紹基》，頁433。

〔註78〕王家誠《趙之謙傳》，頁135。

〔註79〕楊守敬《書學邇言》（台北：華正書局，1984年2月1版），頁106。

〔註80〕沙孟海《近三百年書學》，（上海書畫出版社，1987年3月1版），頁49。

〔註81〕王壯為著《書法叢談》（台北：中華叢書編審委員會，1965年6月印行）。頁131。

王壯為對何紹基的評價，稱讚為好到無以復加，幾百年不見得有一個。而何紹基隸書功力的深厚，亦當之無愧。何紹基隸書風格特點在於「樸」。為融會貫通，自最樸質之橫平豎直、正鋒運筆出發，筆鋒內斂而不外放頓折，貫以氣力，圓活自如，寫出富有變化，古勁厚實的篆隸。

何紹基的篆書評價不一，若以創新角度而言，打破傳統篆書重視對稱、完美的規矩性，強調隨意性，有如生銹的鐵線，甚具力道。何篆一改以靜為主的局面，有動有靜，動靜結合，這種小篆的變革對以後篆書發展，在思想上的啟發，功不可沒。

何紹基若無從政場轉入學術，六十以後專習隸書的這一轉折跳躍，在書史上就沒有今天的地位。何紹基為書道渾融之表率，與鄧相比，鄧的取徑廣，其篆隸筆法相互滲透，是一大突破，但在篆書的貢獻，只在用筆和結體上追求精純美，以玉筯、鐵線篆取勝。何二十歲讀說文習篆，非不能寫玉筯、鐵線，卻有意力求奇拙，欲從拙怪處求險妙奇趣，走險路以求絕處逢生的新境界。

六、新變成就

何紹基書法，向燊云：「由平原、蘭台以追六朝秦漢三代古籀，迴腕高懸每碑臨摹至百通……真足以凌轢百代矣。」〔註82〕凌轢百代的評價，何紹基是如何做到的呢？以下探討何在書法上的新變，認為主要體現在以下幾項。

1. 懸臂迴腕執筆法

迴腕執筆法，虎口成鳳眼狀，毛筆垂直於紙面，能保持中鋒態勢，避免了直率流滑。筆與紙張產生較大的摩擦作用，致使線條生拙遲澀，故能產生萬歲枯藤式立體感極強的線條。何紹基的書法以顏真卿厚重為基礎，又參雜了上古籀、隸等文字風格，產生了一種獨創的古奧風格的書法，王壯為說：

> 何書晚年的那種任筆騰擲頓挫，不加檢束的寫法，乃是由於他執筆用筆的方法自然發展而來，他的方法是「迴腕高懸」，「懸臂圓空」。〔註83〕

何紹基風格的形成與其特殊的「迴腕」執筆法有關。他的執筆口訣是：

〔註82〕馬宗霍《書林藻鑑‧何紹基‧向燊云》，頁433。

〔註83〕王壯為著《書法叢談》（台北：中華叢書編審委員會，1965年6月印行），頁130。

> 書律本與射理同，貴在懸臂能圓空。以簡馭繁靜制動，四面滿足吾
> 居中。李將軍射本天授，猿臂豈止兩臂通。氣自踵息極指頂，屈伸
> 進退皆玲瓏。〔註84〕

何紹基特殊的執筆法，貴在懸臂能圓空〔註85〕，寫出有特色風格的書法。對「迴腕」作書的描述，於跋《張黑女墓志》云：

> 每一臨摹必迴腕高懸，通身力到方能成字，約不及半，汗夾衣襦矣。
> 因思古人作字未必如此費力，直是腕力筆鋒，天生自然，我從一二
> 千年後，策孥駘以躡驥驥，雖十駕亦徒勞耳，然不能自已矣。〔註86〕

何紹基悟出「懸臂臨摹，要使腰股之力，悉到指尖，務得生氣，……自謂得不傳之祕。」〔註87〕腰股之力，悉到指尖，氣力貫注，生氣乃得。這種執筆法，遠離正常生理習慣，有違自然，然可寫出有特色的字，印證東坡所言，執筆無定法。每次寫字須通身力到，寫完汗濕襦衣。用「迴腕」法全靠肘臂運行，腕部則失於靈活。熊秉明評曰：

> 在技法上，何紹基用迴腕高懸的特別方法，運起筆來很不自然而吃
> 力，他自己說：通身力到，方能成字，行不及半，汗夾衣襦。所以
> 他是故意地使理性不能充分地控制筆的運動而達到書法稚拙而活潑
> 的效果。〔註88〕

因執筆法不同寫出風格迥異的字，對於迴腕高懸的執筆法，翁闓運評曰：

> 猨臂挽弓式迴腕執筆法的優點是腕肘必然是懸空，運筆時得以充分
> 發揮筆鋒上下提按的作用。其缺點則腕死，全靠肘臂運行，不能使
> 筆管左右前後八面傾側起倒，以盡筆鋒周圍副毫的作用。故何氏小
> 楷精絕，……但作大字，欲求雄厚沉郁，除以中鋒行筆外，非藉副
> 毫不可。何氏腕死，筆管不能傾側起倒，單靠筆鋒主端運行。故其
> 大字空靈飛動有餘，而雄厚沉郁不足。〔註89〕

何紹基迴腕高懸的特殊執筆法，運筆靈動有餘而雄厚不足，有利亦有弊，這是何紹基書法風格與眾不同的因素之一。

〔註84〕震鈞《國朝書人輯略》何紹基條，頁651。
〔註85〕圓空，佛家語，著於空曰偏空，並空亦空之，一無所著曰圓空。
〔註86〕臨《張黑女墓誌》題跋。
〔註87〕何書置《何紹基書論選注‧書鄧完白先生印冊後為守之作》，頁23。
〔註88〕熊秉明《中國書法理論體系》，頁37～38。
〔註89〕崔偉《中國書法家全集‧何紹基》，頁72。

2. 橫平豎直生變化

何紹基講橫平豎直是指用筆中鋒而言，若理解為結字要橫平豎直，則字與算子何異？何紹基在《書鄧頑伯先生印冊後為守之作》云：

> 先生作書於準平繩直中，自出神力，柔毫勁腕，純用筆心，不使欹斜，備盡轉折。慎翁于平直二字，全置不講，扁筆側鋒，滿紙俱是，特胸有積軸，具有氣韻耳。書家古法，掃地盡矣。〔註90〕

此語正可說明，所謂橫平豎直是指用筆要中鋒而言。何紹基將「橫平豎直」視為書律。何紹基特別喜愛顏真卿書，顏書以筋勝，正是筆筆中鋒。批評包世臣不符「橫平豎直」四字，故學北碑未能得髓。龔鵬程說：

> 彼謂包氏不符「橫平豎直」四字，故學北碑未能得髓。但何氏書每一筆都不平不直，怎麼能自詡為能平直呢？可見這是要筆直而勢動。不能在點畫上擺弄波折以作出姿態來。這個體認對我幫助是極大的。〔註91〕

原來「橫平豎直」是要筆直，而非橫豎畫平直。何紹基在取法北碑、變革楷書和行草書筆法方面的成就，標誌著碑派書法的審美原則在各種書體領域的全面落實，對晚清書風產生了深遠的影響，堪稱為清光、宣以來開一代宗風為百世師。

3. 求篆於金

清代中期以後的書家幾乎都寫篆隸，並出現了許多篆隸大家。何紹基就是清代末年最有影響的人物之一。何紹基古典根基深厚，常能將篆隸行楷的筆意形質相互通匯、合鑄一爐，形成強烈自我風貌。其學篆於商周金文，向燊云：

> 鄧石如集碑學之大成，而於三代篆籀未之逮，蝯叟通篆籀於各體，遂開光宣以來書派。〔註92〕

何紹基篆書評價不一，若從傳統篆書角度，則講求圓潤飽滿，分間佈白對稱完美，則評價不高。若從創意角度，其草情篆韻，純以神意行，打破原來篆書的規矩性，則說明何紹基篆書是一種獨創。大底清前期寫小篆以說文為主，

〔註90〕何書置《何紹基書論選注·書鄧完白先生印冊後為守之作》，（台北：蕙風堂，1993年1月1版），頁23。

〔註91〕龔鵬程著《書藝叢談·自序》（宜蘭：佛光人文社會學院出版，2001年6月1版），頁6。

〔註92〕馬宗霍《書林藻鑑·何紹基》，頁433。

中期鄧石如以隸入篆有重大突破，晚期何紹基，求篆於金，是清代篆書的一大轉折，對後世產生深刻啟發。

總之，何紹基是清代罕見的大書家，其根源於篆隸，會通魯公、北海，方圓兼施，篆情隸意，自我風格強烈，融通篆籀以開新，成就斐然。其表現在新變上主要的有懸臂迴腕執筆法，橫平豎直生變化，求篆於金三方面。

第三節　融大小二篆之楊沂孫

楊沂孫就是在乾嘉學風的氛圍形成後，成長起來的清代晚期的篆書家。初學秦石鼓文，又參以兩周金文筆意，於大小二篆融會貫通，自成一家。楊氏篆書能在鄧派的影響下而自立面目，將出土碑版和古器物文字自然揉合而不露痕跡，創造出峻利端莊的篆書風格，另闢新境，一時為學者所好。茲從其生平、學書歷程、作品分析、風格特色等探討其成功新變之處。

一、楊沂孫生平

楊沂孫（1813～1881）〔註93〕，字詠春，江蘇常熟人。楊沂孫文獻資料甚少，《清史稿·鄧石如傳》附有百餘字的簡傳。楊沂孫生於嘉慶十八年，道光二十三年舉人，官安徽鳳陽知府。父憂歸，遂不出，自號濠叟。沂孫曾祖楊岱（1737～1803）在乾隆時期富甲一方，嘉慶年間被旌表為孝子。少學于李兆洛，治周秦諸子，耽書法，尤致力於篆、籀。擅長鐘鼎、石鼓、篆書。著《文字解說問譌》，欲補苴段玉裁、王筠所未備。又考上古史籀、李斯，折衷於許慎，作《在昔篇》。篆隸宗石如而多自得。嘗曰：「吾書篆籀頡頏鄧氏，得意處或過之，分隸則不能及也。」〔註94〕光緒七年卒，年六十九。

沂孫書法初學鄧石如，久而有獨到之處，辭官返里之後，篆書名重一時。六十歲以後的數年，楊沂孫主要活動在皖城，以賣字為生計。此時楊氏書名已著，生活並不成問題，對終日賣字，如書吏般的生活，常常感到十分厭倦。又不願以書迎合世好，邀寵謀利，身在異鄉，一種落寞之感，心情並不愉快。

〔註93〕楊沂孫的生年，歷代文獻上寫成 1812 年。南京師範大學古文獻整理研究所編著的《江蘇藝文志》明確寫成 1813 年。此當是古人以農曆（陰曆）換算西曆時之出入。清代文獻專家江慶柏教授，認為後來訂正是對的。

〔註94〕《國立編譯館清史稿傳註·卷五百十·列傳二百九十·藝術二·鄧石如、楊沂孫傳》，頁 11549。

著有《管子今編》、《莊子正讀》、《觀濠居士集》、《文字解說問譌》、《在昔篇》
等。

二、學書歷程

　　楊沂孫早年求學於常州，師從著名學者李兆洛。李氏論學不分漢、宋，以
心得為主，歸於致用，魏源稱其為近代通儒。楊氏從李兆洛學諸子和小學。楊
沂孫青年時代即愛好篆書。在常州讀書時還結識了好幾位「毗陵前輩」〔註95〕。
如經學家亦是常州詞派的開創者張惠言（字皋文），惠言的弟弟張琦，長於
書印的吳育（字山子）等。這幾位都是鄧石如的熱心推崇者，乾隆時著名篆
書家。楊沂孫的老師李兆洛（字申耆），更與鄧氏父子交往密切。張惠言曾
從鄧石如學篆，吳育則與鄧的弟子包世臣為至交，在耳濡目染之間，楊沂孫
早已對鄧石如心存景仰。其《跋鄧山民楷帖》自述云：

　　道光二十六年（1846），守之（鄧石如之子）曾至常熟，沂孫見其所
　　攜頑伯書跡，遂識篆隸門徑。及官新安，得山民書近八十軸，四體
　　皆備。〔註96〕

此則自述充分表達了對鄧石如的推崇和心折。可知沂孫習篆之途，由鄧石如
（頑伯）旁及今賢，進而形成自己的書風。

　　陳道義說：「楊沂孫篆書的墨法全由鄧法化出，起筆墨色濃厚，但收筆卻
多枯墨，與鄧法不同；其結字由長趨方，點畫參差錯落，體勢應從《天發神讖
碑》出。」〔註97〕楊沂孫收筆多枯墨是用渴筆的緣故，《吳天發神讖碑》是方
筆篆書，以隸作篆，其豎筆收尾常用尖鋒。

　　楊沂孫在篆書方面，不但對鄧書法予以極高的評價，而且比鄧的弟子和追
隨者視野更為開闊，最終能脫出風靡一時的鄧派書風，超越於同時代的書家。

　　楊沂孫認為要能超越失去生命力的玉筋篆而重新振興篆書，那就必須上
溯於三代鼎彝的古文字，也就是今天所能見到的金文。楊沂孫說：

　　不從其溯，焉喻厥旨。維此吉金，互古弗敝。得而玩之，商周如對。
　　以證許書，悉其原委。〔註98〕

上溯三代鼎彝，三代鼎彝就是金文，其特色為古樸、溫厚、圓實，富有生命

〔註95〕毗陵為常州的古稱。毗陵前輩指張惠言、張琦、吳育。
〔註96〕陳道義〈略論楊沂孫的篆書藝術〉一文。（注）見常熟市博物館藏楊沂孫手稿。
〔註97〕陳道義《中國書法‧〈略論楊沂孫的篆書藝術〉》一文，2007年8月，頁18。
〔註98〕靳永編《楊沂孫‧在昔篇》在昔篇內容之言。

力，可破除規整、嚴肅、單調，且失去生命力的「玉箸篆」法。楊沂孫的觀念是進步的。而對於《說文解字》的重要性同樣不容忽視。他在《在昔篇》說：

> 不曉許書，鎖匙奚恃。不收金鑄，椎輪奚始。〔註99〕

從以上《在昔篇》中所反映的觀點可見，將上古文字的金文與小篆相融合，以振興篆書，這一思想貫穿於楊沂孫一生篆學之始終。《清稗類鈔》云：「濠叟工篆書，於大小二篆融會貫通，自成一家。」〔註100〕如何自成一家？是古今學書法者的重要課題。楊沂孫是將大小二篆融會貫通而自成一家，奠定在篆書史上的地位。楊沂孫在《在昔篇》中，明確地把古文字學修養作為書寫古文字的重要條件，甚至是首要條件。這就明確了古文字書法的特殊性。僅僅具備書法家的技巧，還不能成為古文字書法家的充要條件。《在昔篇》，作於去世的前一年，在此文中，他概括了清代嘉、道以來金石學者的重要成就。

三、學術成就

楊沂孫從李兆洛治周秦諸子，精通《管子》、《莊子》之學。著有《管子今編七卷》，屬子部周秦諸子類，稿本現藏中國社會科學院文研所。還有屬叢書類的《觀濠居士遺著二十卷》，為俞鴻籌手抄本，堪稱宏篇巨制，為常熟圖書館藏。

楊沂孫治學嚴謹著有《文字解說問譌》四卷，屬經部小學類，欲補苴段玉裁、王筠所未備。又上考史籀、李斯，折衷於許慎，作《在昔篇》一卷，屬經部小學類，此書有吳大澂跋語。清史稿云：「耽書法，尤致力於篆籀。」由此可見其學書從文字學的研究，立下紮實的根基。其溯源精神與書法眼光，當與學術研究不可分。《在昔篇》以四字一句之韻文寫成，從中可見楊氏學問淵博，其於書學源流發展，詳盡論述，對書壇、書史貢獻甚大。《在昔篇》云：

> 沂孫不恥愚旄，爰述小學源流，協以韻語，以在昔發端。……我朝佑文，碩儒蔚起，沿流溯源，考同究異，江、錢、嚴、桂，各樹一幟。……其時善書，張、鄧並峙，臬文醇雅，完白宏肆，規漢模秦，周情孔思，靈秀所鐘，超徐邁李。〔註101〕

〔註99〕楊沂孫《在昔篇》中之言。
〔註100〕馬宗霍《書林藻鑑》，頁438。
〔註101〕靳永編《楊沂孫‧在昔篇》（山東畫報出版社，2009年5月1日）在昔篇內容之言。

在此文中，他概括了清代嘉、道以來金石學者的重要成就。對金石文字有此深刻認識，楊氏篆書便行折衷的取捨，擷鄧氏篆書之氣，運錢坫、孫星衍篆書之法，參石鼓、兩周金文之筆意，融會貫通，自成一家。

　　篆書之衰，將二千年。嘉、道之朝，諸賢競采。楊沂孫認為，清代文字學在其深度和廣度方面，都較前代有重要拓展。他充分肯定了段玉裁、江聲、錢大昕、嚴可均、桂馥等學者的重要貢獻。對於當代的篆書家，他推服張惠言（皋文）與鄧石如（完白），皋文醇雅，完白宏肆，認為他們的篆書能與三代、秦漢的思想情感相溝通。他還對三千年來篆書衰退的原因作了探究：

　　　　秦皇蔑古，李斯獻媚。小篆肇興，籀書乃廢。但尚圓勻，日臻茂美。

　　　　古意漸漓，真形無幾。〔註102〕

秦始皇與李斯以小篆統一天下文字，籀書、古文因而廢止。就實用文字的角度而言，小篆被規範劃一後，更加圓勻整齊，就文字的實用性而言，的確是更加方便。但從書法審美角度看，其與篆籀的古意相去卻更遠了。

　　楊沂孫對訓詁學者王筠（貫山），更是予了高度評價。《清史稿‧王筠傳》：「筠治《說文》之學，垂三十年。其書獨闢門徑，折衷一是，不依傍於人，論者以為許氏之功臣，段、桂之勁敵。」〔註103〕楊沂孫認為王筠的著述，對古代文字的演變作了追本溯源，從而糾正了漢代許慎《說文解字》的許多錯誤，是許氏的諍臣。在推服王筠的同時，當然也表達了自己與之相同的思想。王筠（貫山）云：

　　　　許君主精神與倉頡、籀、斯相貫通，能作《說文》。今人之精神必出

　　　　許君之前，乃能與許君相貫通而可以讀《說文》。〔註104〕

楊沂孫讚美此論精闊博大，自魏晉以後無人能道之者。蓋小學在此時如日中天矣。沂孫提出竊謂欲識倉頡制作之原，當觀商周鼎彝文字。許慎所著錄者，皆法李斯小篆，此乃當時之俗體。據小篆之形以論象形，亦猶如據隸楷之形以言象形也。故許氏所論，亦多從俗，未盡稽古。認為古文在漢已不能盡辨其字，況能盡通其義乎。而王筠（貫山）實能據古文以糾許氏，此其所以獨絕也。

　　在《說文》研究方面，段玉裁的《說文解字注》，王筠的《說文釋例》、《說文句讀》，桂馥的《說文義證》，朱駿聲的《說文通訓定聲》，素有清代說文四

〔註102〕靳永編《楊沂孫‧在昔篇》在昔篇內容之言。

〔註103〕《清史稿‧儒林傳三‧王筠傳》，（台北：博愛出版社，1983年9月初版），頁3585。

〔註104〕楊沂孫致《寶生書》手札。www.ishzx.com/mingjia/3595.html，2011-02-23。

大家之稱，都是研究《說文》的總結，各有所側重。最好的注本是段玉裁的《說文解字注》。楊沂孫推重王筠，因王筠的研究最注重文字形體。王筠說：

> 文字之奧無過形音義三端，古人之造字也，正名百物以義為本而音從
> 之，於是乎有形。後人之識字也，由形以求其音，由音以考其義而文
> 字之說備。六書以指事象形為首，而文字之樞機即在乎此。〔註105〕

清代學術的主流，是以聲音通訓詁。楊沂孫以文字學家、書法家的身份，大力表彰王筠的貢獻和研究旨趣，說明他的研究已經從文字、音韻、訓詁合而為一的方法中脫離開來，進入純粹文字學研究的領域。

王筠的據古文以糾許氏，啟發楊沂孫取法上古金文，對小篆加以改造。此外楊沂孫尚有《文字說解疑辨》、《說文解欄位注讀》一卷、《說文句讀三十卷句讀補正》三十卷（此書為王筠所撰楊沂孫批語）等著作。

清代碑學昌盛是由於乾嘉學派人士，投入畢生精力研究，才發揮了理論導向的作用。乾嘉時期桂馥、段玉裁、王筠、朱駿聲等四人文字研究成績斐然外，與楊同時代而對學術、文字學有廣博精深研究者非楊沂孫莫屬。

四、作品分析

楊沂孫篆書作品落款有無紀年者，有紀年的筆者所見以篆書《篆書敔敦銘》落款同治八年八月53歲為最早，更早期作品筆者不曾見。最晚為69歲安徽省博物館藏《夏小正八屏》。此外《蔡邕傳》、《張橫渠先生東銘》、《陶淵明詩》、《朱柏廬治家格言》、《篆書淮南鴻烈篇》皆為四屏，愈近晚年風格愈勁健。楊沂孫四屏、六屏、八屏作品甚多，一氣呵成，毫無懈筆，可見其用心嚴謹之精神。風格相近者選《蔡邕傳》、《張橫渠先生東銘》作分析。其餘《篆書敔敦銘》、《篆書七言聯》、《金人銘》、《在昔篇局部》、《石鼓文對聯》、《秦公敦》作品各有風格特色，分析如下。

1. 篆書《敔敦銘》分析

楊沂孫臨金文《敔敦銘》〔註106〕作品，王國維《國朝金文著錄表卷二》：「徐作敔鼎誤。」〔註107〕王國維糾正徐同柏把《敔敦》當作《敔鼎》。楊沂孫

〔註105〕 《清史稿·儒林傳三·王筠傳》，頁3585。

〔註106〕 此《敔敦銘》吳式芬捃古錄金文九卷與徐同柏從古唐款識學十六卷著錄。器
　　　　蓋各四十字。

〔註107〕 王國維等編撰《清代金文著錄表》（北京：圖書館出版社，2003年9月1版），
　　　　頁113。

落款為同治四年六月（1865），當時楊沂孫五十三歲，此作有界格，線條稍嫌稚嫩，筆力嫌弱，直畫尾端往往尖筆出鋒。結體瘦長似稍欠穩健，書風感覺清秀雅潤。沙孟海指楊沂孫篆書不能學，恐流於靡弱。筆者認為沙孟海所言，或當指類似此作而言，因為楊沂孫其他作品並未見靡弱。

圖 5-3-1　篆書《敔敦銘》

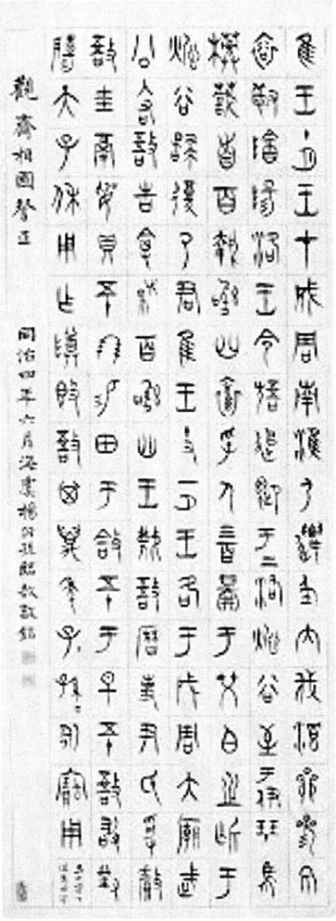

取自 www.xlysauc.com/results/...01.../9614.html（2012/09/03）
尺幅：125.5cm×48cm。

2. 篆書《蔡邕傳》四條屏分析

此作款題庚午中夏，為清同治九年，（1870 年）楊沂孫當時五十九歲。此四屏條風格統一，書法結體工整謹嚴，平正典雅是其特色。用筆方圓互見，婉轉流暢自然，無筋節圭角，不露起收筆痕跡。行筆中鋒，參大小篆體筆意，轉折尤見功力。技法純熟，無靡弱之處，風格規整勁挺，美中不足之處，是太過

於規整，而少變化，缺乏筆墨情趣。這也是馬宗霍評其篆書缺乏韻致的緣故。李瑞清說：「楊沂孫學鄧而去其鼓努，號為雅馴，學者弗尚也。」〔註108〕以詩歌創作而言，格調嚴謹者往往缺少性靈，甚難兼顧，作詩如此，書法也一樣。

圖 5-3-2　篆書《蔡邕傳》四條屏

取自《清代書法》（北京故宮珍品，上海科學技術出版社），頁 226 ～227，尺幅：138.3cm×31.3cm。

3.《張橫渠先生東銘》篆書四條屏分析

《張橫渠先生東銘》篆書四條屏，作于同治癸酉（1873 年），六十一歲作，為其晚年力作，當是其代表作之一。起筆處方中顯骨力，收筆一如往常作懸針而非尖鋒出，有戛然而止之態。以方筆為多，尤其是線條凝煉挺拔，內含筋力；筆鋒轉折或交接處有方有圓，無圭角，不露收筆痕跡，章法井然整飭，以朱砂界格，首尾一氣，結字工整謹嚴，全文二百餘字，有上緊下鬆，

〔註108〕李瑞清〈放大毛公鼎跋〉收錄於〈明清書法論文選下〉（上海書店出版 1994 年 2 月 1 版），頁 1074。

內斂外放之勢，技巧精熟毫無力怯之筆，鎔鑄大小篆於一爐，無扞格之處，結體之工穩緊密，筆法之婉暢自如，可說已爐火純青。

圖 5-3-3　楊沂孫《張橫渠先生東銘》篆書四條屏

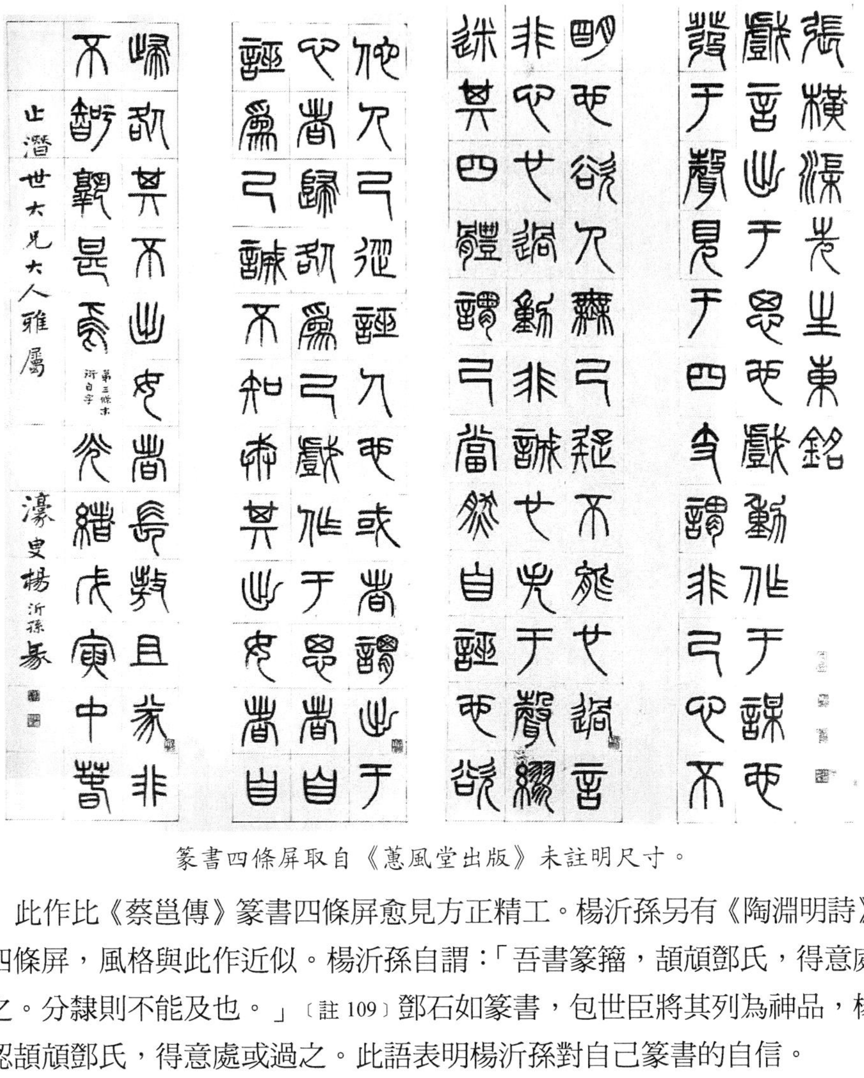

篆書四條屏取自《蕙風堂出版》未註明尺寸。

　　此作比《蔡邕傳》篆書四條屏愈見方正精工。楊沂孫另有《陶淵明詩》篆書四條屏，風格與此作近似。楊沂孫自謂：「吾書篆籀，頡頏鄧氏，得意處或過之。分隸則不能及也。」〔註109〕鄧石如篆書，包世臣將其列為神品，楊氏自認頡頏鄧氏，得意處或過之。此語表明楊沂孫對自己篆書的自信。

　　楊沂孫篆書不採錯落跌宕，而以氣息淳正取勝，筆畫既不珠圓、勻稱，也非鄧氏的一瀉千里，是融通大小二篆，自成一家。

　　4.《篆書七言聯》分析

　　此《篆書七言聯》六十四歲作，結字規整，用筆融大小篆，自成一家，

〔註109〕《清史稿校註‧卷五百十‧列傳‧二百九十‧藝術二》，頁 11549。

蓋有「歷劫不磨」印，可見其自信。起筆略重，力透紙背，緩慢澀進，至收筆處提筆空收，一畫中體現乾濕的變化，既厚重又輕靈。此作線條勻勁，轉折方圓兼具，具秀逸之韻。楊沂孫的篆書，總是一筆不苟，認真的在寫字，功力很深，但變化不大，結構穩健、疏朗開闊，取各家之長，使圓渾之勁，用藏鋒，寓巧於拙，借古開今，此作字跡筆劃勁利，佈局法度謹嚴，創造出自家遒婉俊逸的風格。

5.《金人銘》分析

此《金人銘》落款為光緒丁丑十一月，楊沂孫時為六十五歲作，楊沂孫將原本圓筆的篆書改為方筆，線條粗細變化不大，筆畫筆法類似，字的結構也加以變形，由縱長改方正些，楊沂孫的篆書，從商周金文、石鼓文而來，初學鄧石如從秦代石刻上溯到石鼓文、金文，亦即融合大小篆。這種自由的創發，影響後世吳大澂與吳昌碩篆書尤深。

圖 5-3-4　《篆書七言聯》　　　　　　圖 5-3-5　《金人銘》

取自《中國美術全集書法‧篆刻 6》頁182。尺幅：134cm×30.2cm。　　取自《楊沂孫篆書金人銘》（杭州：西泠印社出版），頁 1。未註明尺寸。

6.《在昔篇局部》分析

楊沂孫光緒六年，六十八歲作《在昔篇》，融金文於小篆，為篆書藝術的拓展另闢蹊徑。于金文、石鼓文下過很深的功夫，將其融於小篆，改變小篆的圓轉用筆而以平直為主，將小篆的長形結體變為近於方形，一反當時流行的鄧派篆書的流美婉麗，使字形更加端嚴。這一創造性的融合，得到許多書論家的肯定與贊許。

漢代以後至清代以前，文字學不發達，限制了古文字書法的發展。直到清代小學昌盛，研究《說文解字》和金石銘刻蔚為風氣，古文字書法才繁榮起來。在楊沂孫看來，文字由古文字演變到今文字，由籀文而古文、而小篆、而隸書、而真草，這是一個因為小學不興而產生的倒退現象。

《在昔篇》是楊沂孫苦心結撰的一篇重要書學論文，一千零四十字，以四言詩的模式，討論了古文字書法的歷史，評論了古文字學家與古文字書法家的牽涉。楊氏《在昔篇》提出了自己在古文字書法方面的獨特看法，並親自用篆書寫出的書法作品。

7.《石鼓文對聯》分析

楊沂孫篆書，是由秦刻石上溯石鼓文、金文。尤其《石鼓文對聯》與臨寫《秦公敦》（金文），可見其不斷溯源上進之精神與用功之深。此作未署年份，楊沂孫寫《石鼓文》功力精湛，格調古雅。孫洵說：「楊沂孫寫《石鼓文》時有鄧石如筆意，弧線的推移、中段的停勻、收鋒處的細微末節，能呈現不同的面貌。換句話說，既忠實於原著又略變古意，巧妙地以個人追求的風格去傳承。」〔註110〕楊沂孫寫鄧又能從《石鼓》吸取營養當是正途。

吳昌碩在自作石鼓文對聯，題跋讚美楊沂孫曰：「孔生仁兄屬集碣文字，昨客廬山見楊濠叟（沂孫）一聯，筆意參少室之奇蕩，琅琊之古拙，神味可掬，縱晚學生復作不得專美於前。」〔註111〕此跋讚美楊沂孫篆書具有少室之奇蕩，琅琊之古拙，《少室石闕銘》東漢安帝延光二年（123 年）刻與《開母廟石闕銘》並為漢篆刻石上品。康有為云：「茂密渾勁，莫如《少室》、《開母》，漢人篆碑，只存二種，可謂世之鴻寶，篆書之上儀也。」〔註112〕據康

〔註110〕孫洵〈論楊沂孫的學術研究與書法創作的成就〉崑崙堂總第十二期（2005 年2 月）。

〔註111〕吳昌碩乙丑 1925 作石鼓七言（賢如、古又）聯之跋文。

〔註112〕康有為《廣藝舟雙楫‧說分第六》（金楓出版社印行，1999 年 4 月 1 版），頁129。

氏所言,《少室》珍貴可知。晚學生指晚學居士吳熙載。由吳昌碩對楊沂孫的讚美,觀此聯用筆精練,結體自然,風格韻味之高雅、精美,令人喜愛,誠為可寶。

圖 5-3-6 《在昔篇局部》　　　　　　圖 5-3-7 《石鼓文對聯》

取自原拓本。尺幅:365cm×185cm。　取自《朵云軒出版對聯》(上海,1996. 05.31)。

8.《秦公敦》分析

　　《秦公敦》或稱《秦公簋銘》。1923 年甘肅天水西南鄉出土。春秋時期,秦公之祭器,字體均衡、整飭、嚴謹,筆畫雄渾、端正,微曲中求勁健,筆法整齊而凝重,表現出強悍雄風,也是春秋時期秦國的傳神寫照。銘文字數,蓋內和器內底共鑄銘文 123 字,已接近小篆書體。以往一般認為小篆是李斯所創立,實則從《秦公敦》、《詛楚文》、《石鼓文》等書體變化而出,可見西周籀文(大篆)向小篆過渡和演進跡象。楊沂孫此作未署年份,一筆不苟,筆畫乾淨,純正古雅。

　　總之,楊沂孫為清代篆書中興的關鍵人物,其篆書宗鄧石如而多自得。自得是指他的篆書有自己的風格。初學石鼓文,後又參兩周鐘鼎銘文、秦小篆筆意,將大小篆融會貫通,自成一家。

圖 5-3-8　《秦公敦》

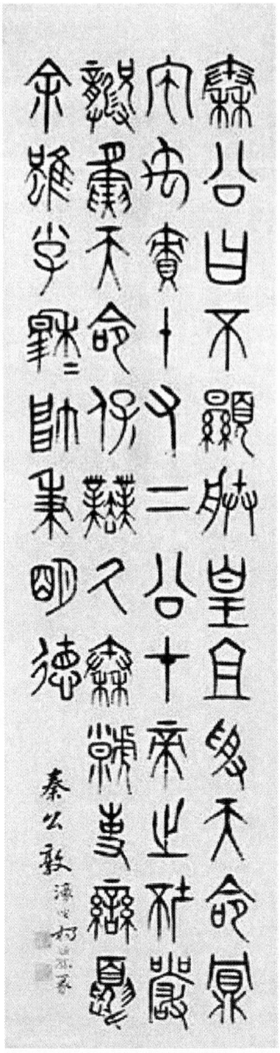

取自 auction.artxun.com/listk100661apmziyson.ht。
（2012/08/13）尺幅：147cm×39cm。

五、風格特色與評價

　　楊沂孫篆書把籀文參入小篆，既純正古雅又含陽剛之氣，以靜為美，靜中有動；精謹而不放肆，正是學者書風之特色。楊沂孫在晚年學習石鼓文和鐘鼎文字，取其筆意，開創與諸家異趣的書風。他寫篆書，將字形由瘦長變為方整，點畫則參差錯落，呈左低右高之勢，從而形成其個人風格中的一個主要特徵。此後寫篆書者多捨長就方，體勢變化也漸趨豐富，可謂楊氏開領風氣的結果。

　　楊沂孫為晚清著名書家，善篆隸二體，篆書尤具特色。世人評其成就超越宋元明三代，將大小篆融會貫通，自信歷劫不磨。筆意出獵碣（石鼓文）及各鐘鼎款識。以下就風格特色與評價探討其成就。

（一）風格特色

1. 融石鼓、金文於小篆，為篆書藝術的拓展另闢蹊徑

楊沂孫于金文、石鼓下過很深的功夫，將其融於小篆，改變小篆的圓轉用筆而以平直為主，將小篆的長形結體變為近於方形，一反當時流行的鄧派篆書的流美婉麗，使字形更加端嚴。這一創造性的融合，得到許多書論家的肯定與讚許。

2. 剛柔相濟，方圓並用，創造峻利端莊的個性書風

長期以來，篆書用筆方法單一，純粹以中鋒圓筆，轉折處亦取圓勢，故而孫過庭《書譜》說篆書婉而通，亦即所謂婉麗流暢之美。直至鄧石如，雖然突破了玉筋篆的單一筆法，使篆書體勢上有了較大變化，但卻仍然延續著篆書婉而通這一基本審美形態。而楊沂孫取法于金文，首先，他改變小篆長形體勢為方形，有些字甚至成扁方。字形往往作上方下圓，外方內圓的處理，並出現明顯的橫折之筆，這樣便增加了端嚴整飭，減少了小篆原來婉約流暢，創造峻利端莊的風格。

（二）風格評價與影響

1. 風格評價

一般認為楊沂孫篆書適合初學，沙孟海卻認為楊沂孫的篆書是不能學的，學到後來，更靡弱了。意見不同，根據讀者反應論是可被接受的。適合初學是因其長處在於規矩，學到靡弱，這有關是否善學的問題。吳昌碩早年也是學楊，但並不靡弱，反而雄強氣壯。

楊沂孫的篆書，清人徐珂《清稗類鈔》評云：「濠叟工篆書，於大小二篆，融會貫通，自成一家。」〔註113〕其篆書有靜穆之美，用筆方圓相合，線條凝煉，內含骨力。徐珂則肯定楊沂孫篆書的成就。楊守敬《書學邇言》：「沂孫學石鼓文取法甚高，自信為歷劫不磨，款題未能相稱。」〔註114〕楊守敬之評，有褒有貶，褒者學石鼓文取法甚高，貶者款題未能相稱。馬宗霍評論楊沂孫：「濠叟功力甚勤，規矩亦備，所乏者韻耳。蓋韻非學所能致也。」〔註115〕平心而論，說楊沂孫的篆書規矩亦備，自然是不錯的，但一概謂之

〔註113〕徐珂《清稗類鈔・藝術類》（台北：台灣商務印書館，1983 年 10 月 2 版），頁 45。
〔註114〕楊守敬《書學邇言》（台北：華正書局，1984 年 2 月初版），頁 105。
〔註115〕馬宗霍《書林藻鑑》，頁 438。

乏韻，似乎並不十分準確。南齊謝赫《古畫品錄》以繪畫六法品評優劣。第一品是氣韻生動，清人嚴可均對六法斷句，異於他本，六法者何？一氣韻，生動是也。若說楊沂孫篆書乏韻是缺乏生動，這樣是可理解的，因為楊沂孫的篆書風格是屬於靜穆、質實、內斂型，自然較缺乏生動感。楊沂孫的篆書若要說其缺點，美中不足之處在於用筆、結體過於規整，致使筆墨情趣不濃。筆者認為楊氏融入大篆、金文筆法，是鄧石如之後篆書又一次重大突破。

　　筆者所見楊沂孫篆書作品 53 歲《篆書敔敦銘》稍嫌靡弱外，其餘作品甚為勁挺。68 歲所作《在昔篇》線條感覺比較生硬，確有如馬宗霍所言乏韻。嘉、道碑學書法興盛後，生辣不失為一種美，然而精熟並非一定乏韻，只是審美追求不同而已。董其昌提出的字須熟而後生，當是針對明代台閣體熟而無味所發，而在董氏以前的書法評論中，人們總是追求精熟，並以之來評價和讚美書家藝術造詣的。楊沂孫篆書既純正古雅又含陽剛之氣，正是因此才受人青睞。

　　2. 影響

　　晚清以來的近百年間諸如吳大澂、黃士陵、吳昌碩、羅振玉、王福盦、鄧散木等，均學過楊沂孫的書風進而形成自己的面貌，可知其對篆書影響之大。清末印壇重要篆刻家黃士陵（牧甫），他的吉金文字便曾直接受到楊沂孫篆書的影響。

　　黃牧甫於光緒二十三年（一八九六），也曾用篆書寫過一冊《夏小正》。〔註116〕在題記中便明確說是臨自濠叟（楊沂孫）。另一位晚清篆書名家吳大澂，也是取金文而形成其個性書風，明顯受楊沂孫影響而選擇了同樣的探索方向。但楊沂孫的相融更為成熟，因此書風更加溫文醇和。而吳大澂更多側重于金文的凝練、嚴謹。因而顯得缺少韻味。至於黃士陵、王福盦、鄧散木等，取法金文，以篆籀體兼融，形成風格獨特的篆刻，也都是來自楊沂孫篆書的啟示。

六、新變成就

　　在清代篆書的開拓與創新方面，鄧石如與楊沂孫各具自己的獨特個性。楊沂孫的篆書，使得篆書藝術重放光彩，脫出風靡一時的鄧派書風，也超越

〔註116〕為中國現存最早的科學文獻之一，也是中國現存最早的一部農事曆書，原為《大戴禮記》中的第 47 篇。

同時代的書家，他的成功顯然與其文字學研究有關。他在篆書的成就新變如何呢？以下就新變方面作探討。

（一）溯源吉金　學篆正路

楊沂孫篆書從商周金文、石鼓而來，筆畫圓潤，結體方整，轉折處皆提筆暗過，無偏頗靡弱之態。清篆從鄧石如以隸入篆後，名家輩出，成就超越宋、元、明，其中楊沂孫為佼佼者。其特點是用筆簡約，字形方整，書風質樸。學篆從楊入手，可上窺三代秦漢及唐之李陽冰，允為學篆正路。

楊沂孫明確地主張：要超越前人的成就，必須在小篆的基礎上，參考青銅器銘文，折衷大小二篆。這是楊沂孫、吳大澂等人的經驗之談，也是他們能夠在篆書創作上突破前賢的關鍵所在。楊沂孫說：「唯此吉金，亙古弗敝。得而玩之，商周如對。以證許書，悉其原委。」〔註117〕學篆溯源吉金，即不靡弱，亙古弗敝，誠有見地。蓋大篆、金文的筆法是筆法的源頭，主要是講求中鋒的用筆，中鋒的用筆可使線質產生渾圓、厚重、綿密、雄健的效果。學習金文如果只作技巧的練習，還是難有大成，必須研究古文字學，在學術上奠定基礎，楊沂孫有《在昔篇》，吳大澂有《說文古籀補》等著作，就是明證。

（二）功夫精純　方正古穆

楊沂孫作品，法度規整，化小篆長形為方形，並加入方折之筆，而能在鄧石如篆書風潮之下另樹一幟。章太炎云：「沂孫篆書精純。」〔註118〕李良加以闡釋謂其「精」，蓋因其書結字謹嚴，恪守法度，即所謂功業雙極者；謂其「純」，蓋因其能陶鑄古今，既自成體格，又不失古雅，純乎古賢，不作時俗之語。〔註119〕文獻上說他久而多自得，數十年如一日，自然而然地「化」出來，為傳統之經典，沒有急於求成，非為功利而寫篆，這對當代書法創作當有重要借鑒的意義。

楊沂孫的作品甚多，《蔡邕傳》、《張橫渠東銘四屏》、《陶淵明詩四屏》此三件書風近似，其他作品風格各異，表現出不斷進取的精神。小篆結體，線條凝練，舒卷自如，不失流暢自然之致。陳振濂說：

> 清代書法在鄧石如、吳讓之、徐三庚、趙之謙構成柔媚書風之時，楊

〔註117〕楊沂孫《在昔篇》之內容。
〔註118〕馬宗霍《書林藻鑑‧楊沂孫》，頁438。
〔註119〕李良〈楊沂孫西銘讀後〉刊於（崑崙堂 2005‧02 總第 12 期）。

沂孫、吳大澂為清代勾畫另一個側翼。前者飄動，後者古穆；前者姿媚，後者質實。前者是美的外露與表訴，後者是一種學問內在的涵泳。前者是主動的尋求痕跡，後者讓人領略一種深刻、渾博、不動聲色的平淡，不顯山露水，但卻是學問的濃縮也是審美的凝結。〔註120〕經過比較我們知楊沂孫篆書風格偏向古穆、質實、內斂，是學問的濃縮也是審美的凝結。清代的篆書單從小篆而言，王澍是玉筯篆的代表，吳讓之是流媚型的代表，楊沂孫則是方正型的代表。僅小篆就有如此豐富的分類，稱清代是篆書的中興時代，實不為過。

清代篆書發展中，具有開創意義的大家是鄧石如，他首先將具有書寫意味的筆法引入篆書，又以隸入篆，打破了自秦李斯到唐代李陽冰的玉筯篆法。也可以說，真正的篆書藝術是從鄧石如開始的，具有新里程碑的意義。但鄧石如的主要成就仍在小篆，而楊沂孫融合大小篆為一體，是清代篆書中興的關鍵。三千年幾成絕響的篆書，終於在晚清重振而蔚為大國。

第四節　但開風氣不為師——趙之謙

趙之謙為清代碑學中興之重要人物，書法各體精能，並擅長繪畫、篆刻、詩文，書法與其他藝術，互融互滲，成績斐然。其才華洋溢，深受日本書界矚目。

其人生追求，本為求仕宦，無奈命運多蹇，其一生是封建社會文人悲劇的縮影。但其藝術才華，不僅是晚清傑出的藝術家，堪稱全能的藝術天才，在詩、文、書、畫、印、碑帖考證等方面，無一不精，其傑出的表現，以巨匠、宗師稱之，當之無愧。他有一對聯集龔定庵句：「別有狂言謝時望，但開風氣不為師。」〔註121〕書法成就將北碑融入各體，從而創造獨特的風格。茲從其生平、學書歷程、作品分析、風格特色等探討其成功新變之處。

一、趙之謙生平

趙之謙（1829～1884），浙江會稽人，字益甫，又字撝叔。別號鐵三、

〔註120〕陳振濂《品味經典——談中國書法史》（浙江：古籍出版社，2006 年 11 月 1 版），頁 157。

〔註121〕齊淵編《趙之謙書畫編年圖目》（上海：上海古籍出版社，2005 年 11 月 1 版），頁 145。

冷君、憨寮。中年更號悲盦、悲翁、思悲翁。晚號无悶。齋名苦兼室、二金
蝶堂。道光九年（1829 年）生，光緒十年（1884 年）五十六歲時逝世。趙
之謙六歲學古文，九歲學詩，十歲後潛心宋學者七年，十七歲從山陰沈霞西
布衣復燦學金石學，十九歲時為支持家計，設館授徒，取范敬玉為妻。二十
歲考上秀才。青年時代秉性比較高傲，論學往往譏彈別人，為鄉中人所不喜。
〔註 122〕中年以後才定名為之謙。三十一歲鄉試中舉，三十四歲那年（1862
年），他在溫州為生活奔走，妻女病逝於太平軍佔領下的紹興，噩耗傳來，
痛不欲生，刻印造像紀念這一段悲慘人生，如（圖 5-4-1），「三十四歲家破
人亡乃號悲盦」、「我欲不傷悲不得已」〔註 123〕，三十七歲進士考試落榜，
四試不第，四十四歲借貸捐官，分發江西，擔任七品縣令。體會到封建社會
的為官之道，無非是「卑鄙無恥」四字。趙之謙一生遭遇十分坎坷，但是他
在書法、篆刻、詩畫上卻具有敏銳的理解力和才氣，終成一代大師。

圖 5-4-1　趙之謙印

餐經養年刻印為亡妻造像　　　　　家破人亡乃號悲盦　　　　　我欲不傷悲不得已

　　趙之謙的七世祖趙萬全，自幼父親遠遊，日夜思念終得母親允許，外出
尋父。七更寒暑（紹興府志），一說經過十九年之久，終於在山西大同找到
父親的墓，趙萬全在墓前痛哭，啟棺時有兩隻金蝴蝶翩翩飛入他懷裡，人們
說是孝感動天的緣故，這是「二金蜨堂」堂名的由來。〔註 124〕趙之謙著作
甚多，有《國朝漢學師承續記》、《六朝別字記》、《悲盦居士詩賸》、《悲盦居

〔註 122〕馬國權《書論・趙之謙及其藝術》（第十卷），頁 10。
〔註 123〕舒文揚著《趙之謙經典印做解析》（重慶出版社，2006 年 5 月 1 版），頁 9。
〔註 124〕王家誠《趙之謙傳》（台北：國立歷史博物館，2002 年 4 月），頁 26。

士文存》、《勇盧閒詁》、《張忠烈公年譜》、《章安雜說》，輯有《補寰宇訪碑錄》等。

　　趙之先世業賈，兄為仇人所誣，以訟破家，至趙之謙時家道中衰，遂奮起潛心典籍，研求金石篆刻書畫之學。個性上「以孤憤好嘻笑怒罵，詩文皆務為新奇駭愕，坐是不諧於世」〔註125〕，人以迂怪目之，這使他與社會格格不入，在仕途上也多有不順的原因。交友中主要有潘祖蔭、王懿榮、沈樹鏞、胡澍、魏錫曾等人，其中魏錫曾為趙之謙集印稿、鈔詩、搜散棄文字，堪稱最要好的朋友。潘祖蔭曾為趙之謙的詩集作序云：「大集捧讀三日，自口至心惟有佩服而已。覺兩百年來無此手也。石門數詩，尤有功世道；再去溫州詩，人事世情都道盡矣。」〔註126〕其作品具有獨創性、強烈的風格，筆觸中蘊涵著微妙靈活的筆法。堪稱中國書法史上罕見的優秀文人。精通詩、文、書、畫、印，篆刻成就尤為傑出，在書法上擅長北碑，融入篆、隸、楷、行各種字體，極有特色。

二、學書歷程

（一）師承沈復粲、繆梓、宗稷辰、張婉紃

　　趙之謙天資穎異，根據趙而昌所編年表，道光十年（1830）二歲：「天資瑰異，穎悟倍常童。甫二歲，即能把筆作字。」〔註127〕趙之謙六歲學古文，九歲學詩，十歲後潛心宋學者七年，十七歲從隱於書肆的山陰名儒沈霞西（1779～1850）（復粲）習金石之學，當時沈六十六歲。沈著作等身，可惜沒有刊行，單是乾隆時代史學家章學誠的著作，沈復粲就抄錄一整套副本，可見用功之勤，與保存前賢心血的厚意。這種精神影響了趙之謙立志搜求和刊印古書的主要因素。〔註128〕沈氏精金石考據，對趙之謙一生治學影響很大。趙之謙在《仰視千七百二十九鶴齋叢書》的序中稱「山陰沈霞西布衣復粲，第一導師也。」〔註129〕

　　據趙之謙年譜道光28年（1848年）20歲，從繆梓（？～1860）為考證之學。繆梓教學不薄詞章，不右宋，不左漢，主於有用。

〔註125〕高惠敏《趙之謙印譜・前言》（中國書店，2007年1月），頁1。
〔註126〕鄭濤〈趙之謙書法評傳〉收於《中國書法全集・71趙之謙》，頁5。
〔註127〕《書論第十卷・趙之謙年表》，頁22。
〔註128〕王家誠《趙之謙傳》（台北國立歷史博物館，2002年4月），頁35。
〔註129〕舒文揚《趙之謙經典印作技法解析》，頁8。

　　宗稷辰（1792～1867），字滌甫，道光元年舉人，咸豐初遷御史，薦舉左宗棠等人。主持餘姚龍山書院、山陰蕺山書院，著有《躬恥集》、《四書體味錄》。周白山、李慈銘皆師事之。趙之謙廿四歲为宗稷辰（滌甫・六十二歲）刻〔躬恥〕長方朱文寬邊印。為今所見趙之謙最早有紀年之印章，邊款為滌甫夫子大人正，壬子四月，受業趙之謙。原印今藏於杭州西泠印社。

　　張婉紃即（張綸英）（1780～？年），（張琦（宛鄰）之女）善北碑，以鄭道昭為法。趙之謙見張宛鄰之書，始悟轉折。根據徐珂《清稗類抄・藝術類》中〈張婉紃書似李北海〉條云：「會稽趙之謙嘗師事之（即張婉紃），猶王羲之之於衛夫人也。」〔註130〕

　　根據文獻趙之謙稱為師者有此四人，其中沈霞西擅金石考據，繆梓為考證之學，宗稷辰晚年主講書院，從其著作觀之，應屬理學方面。張婉紃年譜中未有師事之記載。除趙之謙所臨《鄭文公碑》近似張婉紃外，其餘三位老師，對趙之謙書法均無直接關係，趙之謙書法可謂自學而成的。

（二）所學碑帖

　　趙而昌於〈趙之謙年表序〉云：

> 先生於書法，初學顏平原。後始由篆隸而一意北書，圓美流暢，自成一家。〔註131〕

趙之謙書法最早是學顏真卿的。趙之謙所著《章安雜說》：「二十歲前學《家廟碑》，日五百字。」〔註132〕趙之謙的書法，初學顏真卿，後專意魏碑。二十歲左右學習顏真卿的書法是他的起步期，其一心準備科舉考試的姿態在書風上也有所體現，趙之謙的顏體行書風格近於何紹基，而更為飄逸灑脫，這是學書第一期。

　　三十三歲趙之謙避難溫州，得以讀包世臣的《安吳論書》，深受啟發，這是趙之謙由學顏書而轉向學北魏碑體的契機，三十五歲在北京從事《補寰宇訪碑錄》的著作。大量接觸新出土的北魏碑刻，三十六歲寫成《六朝文字記》眼界頓開，推動了對北碑的研習。胡澍為趙之謙的《六朝文字記》作序云：

〔註130〕徐珂《清稗類鈔・藝術類》（台北：台灣商務印書館，1983 年 10 月 2 版），頁 40。

〔註131〕趙而昌《書論第十卷・趙之謙年表序》，頁 22。

〔註132〕《書論第十卷・趙之謙年表・二十歲》，頁 22。

> 趙氏多見漢魏以來碑刻，其作隸書有延熹、建寧遺意，今體純乎魏
> 齊。〔註133〕

所謂延熹、建寧遺意，即指東漢延熹（桓帝）、建寧（靈帝）間的碑刻，如《鄭固碑》、《孔宙碑》、《華山廟碑》、《史晨碑》。趙之謙還常臨《劉熊碑》、《封龍山頌》等。至於今體純乎魏齊，即指楷書，純然北朝書體。趙之謙論北魏書云：

> 去古遠，石刻傳者無幾，晉、齊、梁尤少。宋則僅《爨龍顏碑》，北
> 齊、北魏石刻尚有，余所見無過《張猛龍碑》，次則《楊大眼》、《魏
> 靈藏》兩造像。《石門銘》最縱宕，則歐、褚祖也。余所藏隋《修梵
> 志》則又調劑漢晉，度越唐宋，落筆處一一如崩崖墜石，非真學撥
> 燈法者不能也。〔註134〕

胡澍所言今體純乎魏齊。他在三十五、六歲時開始涉獵北魏時期的書法，轉變為稍具方勁，接近石刻書風的轉型期，把間架結構的「法」作為第一要義，不偏限於技術性很強的唐法，這是學書的第二期。趙之謙《章安雜說》云：「六朝古刻，妙在耐看。猝遇之，鄙夫駭，智士哂耳。瞠目半日，乃見一波磔，一起落，皆天造地設，移易不得。必執筆規模，始知無下手處。不曾此中閱盡甘苦，更不解是。」〔註135〕此則正可說明其對北碑之用心與領悟。
趙之謙學書善悟，在三十七歲致胡培系（子繼）函：

> 弟讀《藝舟雙楫》者五年，愈想愈不是。自來此間，見鄭僖伯所書
> 碑，始悟卷鋒，見張宛鄰書，始悟轉折，見鄧山人真跡百餘種，始
> 悟頓挫。然總不解「龍跳虎臥」四字，及闊研香來（旗人漢軍名德
> 林，包世臣弟子），觀其作字，乃大悟橫豎波磔諸法。〔註136〕

此信函道出趙之謙從鄭文公碑學到卷鋒，從張宛鄰學到轉折，從鄧完白學到頓挫，從闊研香來（德林）處學到橫豎波磔諸法。說明趙之謙學北碑之過程。趙三十九歲時致孫懌伯：「承詢書學，弟所得者不出包倦翁、張宛鄰兩家家法，所悟則有出兩家之法之外者。」〔註137〕此信自言學書善悟。趙之謙還特

〔註133〕馬國權〈趙之謙及其藝術〉收錄於《書論第十卷》，頁 15。

〔註134〕趙之謙《章安雜說》收錄於《書譜‧總第 72 期》（1986 年第 5 期），頁 14。

〔註135〕趙之謙《章安雜說》收於《書譜合訂本‧第十二卷 1986 年第五期‧總 72 期》，頁 14。

〔註136〕劉正成《中國書法全集‧71 趙之謙卷》（北京：榮寶齋出版社，2004 年 5 月），頁 11。

〔註137〕劉正成《中國書法全集‧71 趙之謙卷》（北京：榮寶齋出版社，2004 年 5 月），頁 12。

別稱道張琦（宛鄰）之女張綸英，張綸英善北碑，以鄭道昭為法。趙所臨鄭文公碑明顯受其影響。

　　第三期受包世臣所著《藝舟雙楫》的影響，創造出北魏書法的獨特新體，趙之謙可謂是包世臣碑學理論的實踐者。

　　第四期即從五十歲左右一直到晚年完成了獨創的書體，趙之謙書法，主要的是學北碑，再融入四體之中，並發揚光大的時期。王益知〈趙撝叔論書手札〉云：

> 書則初學平原，畫則兼習南北二派。繼而苦心精思，恍然悟書畫合一之旨，在於筆與筆化，能用筆而不為筆所用。乃求筆訣於古今之書，得涇縣包氏、陽湖張氏所著論，而知鉤捺抵送，萬毫齊力之法。復讀儀徵阮文達南北書派之論，知北朝字體實由斯、邕而變，遂一意宗尚北書，先習秦漢諸石刻，以利隸楷之基，及篆與八分之技。
> 精矣，即以其意運為正書，蒼深雄雅，大有得於古者……。〔註138〕

此言悟書畫合一之旨，在能用筆而不為筆所用。趙之謙《章安雜說》云：「畫之道，本於書。……古書家能畫則必工。」〔註139〕蓋書畫用筆相通也。趙之謙論書服膺包慎伯，用筆自是受包氏影響，此為趙之謙學書過程最簡要的敘述。

　　總之，趙之謙除十七歲時向沈霞西學金石外，並沒有師承，且向沈氏學習為時甚短，可說是自學或私淑前人。先是學顏，求筆訣，再學包氏萬毫齊力之法。由「平書寬結」的顏字，一變為「斜畫緊結」的北碑。讀阮元〈南北書派論〉後一意宗尚北碑，學習秦漢刻石與八分即東漢延熹（桓帝）、建寧（靈帝）間的碑刻，再以其意運為正書。

　　趙之謙說：「我朝篆書以鄧頑伯為第一，頑伯後，近人惟揚州吳熙載，及吾友績谿胡荄甫（澍）」〔註140〕可見趙之謙的篆書受鄧石如、吳熙載、胡澍的影響。在致魏稼孫信中說：

> 弟此時始悟通自家作書大病五字，曰「起迄不乾淨」。若除此病，則
> 其中神妙處，有鄧、包諸君不能到者，有自家不及知者。此天七人

〔註138〕王益知〈趙撝叔論書手札〉收錄於《藝林叢錄·第六輯》（台北：谷風出版社，1986年9月出版），頁193～194。
〔註139〕趙之謙《章安雜說》刊於（書譜1986年第5期總第72期），頁14。
〔註140〕《書譜·1988年第2期總第81期·馬國權·清代篆書概論下》，頁66。

　　　三之弊，不知何年方能五位相得也〔註141〕

趙之謙是服膺阮元、包世臣的碑學主張，但不墨守成規，悟通自家作書大病，
在「起迄不乾淨。」極具省思能力。天七人三，是說自己天資高，僅盡三分
人力而已。此外趙之謙的學北魏碑體，起初是從鄧石如作品中取法的。馬國
權說：

　　　趙撝叔所寫北魏碑體，其初是從鄧石如作品中取法的。但在用筆和
　　　結體上，作了變革。他不採取鄧石如那種追求碑刻效果的模擬，而
　　　是通過廣泛而深入的臨習《張猛龍》、《鄭文公》等碑刻，和《龍門
　　　石刻》等等，從中攝取精神特點，在用筆結字都給予某些誇張，把
　　　方嚴勁力的北碑，用婉轉流利的筆道，化剛為柔地予以重視。〔註142〕

趙之謙從鄧石如處取法，但有變革，深入北碑，在用筆與結字上加以誇張。趙
之謙是如何學北碑呢？劉恆說：

　　　趙之謙首先從《張猛龍碑》吸取用筆的勁健峭拔和結字的整飭嚴密，
　　　並以此樹立自己的風格基礎。又從《楊大眼》、《魏靈藏》等龍門造
　　　像題記中，擷取其點畫的方刻峻削及轉折處的翻筆截搭特徵，從而
　　　使點畫力量飽滿，富有立體感。字形結體以欹側取勢，善於利用行
　　　筆果斷堅決和疾徐節奏變化，來充分體現力量感和運動感，故姿態
　　　活潑奇宕而不呆版。〔註143〕

一般人寫北碑都強調陽剛雄強之美，而趙之謙追求婉轉流利，化剛為柔，神采
飛動的情致。筆者認為趙之謙這一創造或有意避開鄧石如與何紹基這兩位大
師的風格。趙之謙在論書法結體云：

　　　古人書爭，今人書讓。至館閣體出，則讓之極矣。古人於一字上下
　　　左右筆畫不均平，有增減、有疏密。增減者斟盈酌虛、裒多益寡，
　　　人事也。疏密者，一貴一賤，一貧一富，一強一弱，一內一外，各
　　　安其分而不相雜，天道也。能斟酌裒益不相雜，其理為讓而用在爭，
　　　人不知為爭也。今必排字如算子，令不得疏密，必律字無破體，令
　　　不得增減。不惟此，即一字中亦不得疏密。上下左右筆畫不均平，

〔註141〕金丹著《包世臣書學批評》（北京：榮寶齋出版社，2007 年 12 月 1 版），頁
　　　　232。
〔註142〕馬國權《書論‧第十卷‧趙之謙及其藝術》，頁 15。
〔註143〕劉恒《中國書法史‧清代卷》，頁 216。

使偏枯、使支離，反取排擠為安置，務遷就為調停。〔註144〕

結體為書家表意方法，趙之謙論結體，認為增減人事也，疏密天道也。古人書爭，今人書讓。《章安雜說》為趙三十三歲所作，此二語可謂其學書心得，深有獨見。能斟酌損益不相雜，其理為讓而用在爭，人不知為爭也。

從趙之謙的學習選擇，可見其深有見識，有自己的主張，這是具有可貴的主體精神意識。

三、作品分析

趙之謙的書法融北碑入各體，屬於鄧完白、包世臣、吳讓之系統。援北碑之側勢以作篆，流動奔放，姿態萬千，然側媚太過，初學者恐易為所惑。茲將其篆隸作品，按年齡先後，分臨摹、創作分析如下。

（一）篆書作品

趙之謙篆書得力早年篆刻根基，年輕時入筆淺，稍有浮起之感。趙之謙34 歲臨寫過《泰山刻石》，約 35～36 歲臨《嶧山刻石》，50 歲臨《三公山碑》，可見趙之謙於篆書下過一番功夫。創作部分取《篆書四屏》、《別有、但開聯》、《史游急就篇》等風格突出者。茲先分析臨摹作品，再分析創作作品。

1. 臨《泰山刻石》分析

臨《泰山刻石》共有三件，此作題款壬戌年，趙之謙時為三十四歲。是依據錢叔蓋舊藏本而作，泰山刻石拓本，甚為可貴，何紹基跋云：「秦相易古籀為小篆，遒肅有餘而深噩之意遠矣。用法刻深，蓋亦流露於書律。此二十九字古拓可珍。然欲溯源周前，尚不如兩京篆勢寬展圓厚之有味。」〔註145〕何紹基此跋是說凡欲溯源於周，須先深入漢篆堂奧，再學泰山、琅琊刻石，鄧石如篆書入古之妙，乃因深得其旨趣。

泰山刻石為李斯作，僅存二十九字，李斯被推為千古小篆之祖。此刻石用筆沉著，結體縱長疏密均勻，風格端莊樸厚。趙之謙學書取法甚高，此臨用筆乾淨俐落，殺鋒而入，運筆提按有變化，具流動的美感。結體比原作更長，加強上密下疏，墨色有乾溼變化，風格沉靜鬱勃。趙之謙是以己意臨書，

〔註144〕《書譜・章安雜說》（1986 年第 6 期・總第 73 期），頁 36～37。
〔註145〕何紹基《東洲草堂金石跋・跋吳平齋藏秦泰山二十九字拓本》（台北：學海書局，1981 年 11 月初版），頁 108。

不拘形似。

2. 臨嶧山刻石分析

《嶧山刻石》今存摹刻本，而摹本只有秦刻石的字形結構，風格已無秦刻石之高古格調，趙之謙此臨約35～36歲，用筆上寫的意味甚濃，改變原有的結體形式，上密下疏對比強烈，筆畫收筆變化較多。是一貫以己意臨書，追求精神而不求形似之作。

圖 5-4-2　臨《泰山刻石》　　　　　　圖 5-4-3　臨《嶧山刻石》

取自齊淵《趙之謙書畫圖目》34 歲作。　　取自《篆書入門》（台北志明出版社
尺幅：135.8cm×32.2cm。　　　　　　1983 年 1 月出版），頁 230。

3. 臨三公山碑分析

《祀三公山碑》，又稱大山公碑，是名垂書史的極有價值的碑刻之一，屬繆篆書。三公山碑有大小兩種，此為大三公山碑。全稱為《漢常山相馮君祀三公山碑》翁方綱《兩漢金石記》考證為東漢安帝元初四年（117 年立）。此碑書法古拙，是由秦篆而趨漢隸之書體，具秦篆之圓轉，又有漢隸之方折，結體多變，造形斂縱隨心，減篆之縈折為隸之徑直。趙之謙臨後落款題為漢元氏三公山碑，篆文猶見八分遺意。戊寅二月，趙之謙時為五十歲。趙之謙用筆、結字均以己意臨之，此碑風格古拙樸茂，趙從此碑獲益甚多。

圖 5-4-4　臨《祀三公山碑》

臨《三公山碑》取自齊淵《趙之謙書畫圖目》50 歲作。

4.《趙之謙篆書四屏》分析

此作署款同治庚午三月，趙之謙時年 42 歲。清代篆書的復興與金石學有關，鄧石如以隸入篆，開啟新的學篆風氣。趙之謙再重新審視篆書發展的可能性，在同時接納唐楷、魏碑、二王書札中，全盤考慮篆書的美，從中創造出新的形式美感。

趙之謙的篆書有波動流美之態，若沒有學過隸書的蠶頭燕尾，就無法具有流動感。分析如下：

（1）用筆：用北碑圓轉逆起的筆法，同時又參以漢碑額藏勁於圓之筆法。收筆時鄧石如略住即出，爽利果斷，趙則略為下按，然後稍稍提筆出鋒。

（2）結字：線條與結構注重篆書的美，筆姿取法《鄭文公碑》與《石門銘》等北魏書法。

（3）用墨：用墨均勻自然。

（4）章法風格：章法諧調，瀟灑沉靜，方圓合度。

　　以下就趙之謙篆書《別有、但開聯》、《史游急就篇》、《篆書四屏》做分析。

圖 5-4-5　《篆書四屏》

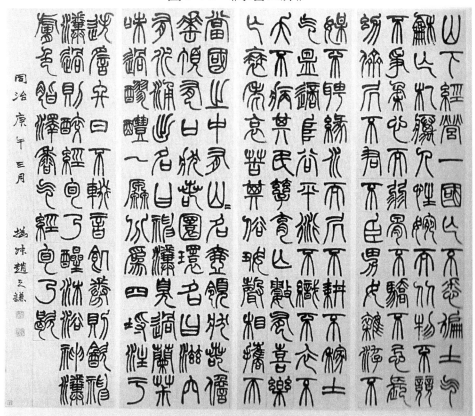

　　取自齊淵《趙之謙書畫編年圖目上冊》，頁 146。尺幅：135cm×38cm×4。

5.《別有、但開聯》分析

　　《別有、但開聯》，四十二歲集龔定庵句。趙之謙中年以後無再收徒，早期學生多為印人。此聯言明決不是好為人師，而是要在學術上開先路，以見懷抱。任何有成就的藝術家，都經歷一段艱辛曲折的路程，趙之謙也的確做到了。

　　（1）用筆：融篆隸北碑用筆於一爐。

　　（2）結體：結字體勢與線質上均自我成法，極為用心求完美，在厚實凝　　　　　　重的筆韻中，充滿縱放的自信，呈現古典新生的風采。

　　（3）章法：整幅作品具流動節奏感，展現趙之謙人品、書品才華之靈氣。

　　鄧石如小篆追求書寫意味，以隸作篆，使篆書重新獲得生命力。趙之謙則

更在線條內部過分誇張運作，說明其對筆法有純熟的駕馭能力。運用北碑的筆法寫篆書，寫來勁挺流動，生意盎然。

圖5-4-6 《別有、但開聯》

取自齊淵《趙之謙書畫圖目》尺幅：138.4cm×25.3cm×2。

6.《史游急就篇》分析

《史游急就篇》，趙之謙篆書主要取法漢代碑額。此軸宗鄧石如以隸作篆之法，又融入魏碑筆意，敢於創新。折筆由圓變方，筆勢渾厚，但肥扁多於圓勁。結字嚴謹，張馳有度，全幅給人以凝重沉勁之感。〔註146〕從書風看應是晚年作品。

（1）用筆：沉靜瀟灑，生動活潑。起筆用順著下筆折鋒。

（2）結體：莊重樸茂，方圓合度，反映趙之謙深厚的功力。

（3）用墨：此幅用墨均勻，和諧自然。

（4）章法：篆書一般比較偏於靜態空間造形，而趙之謙將行草書的流動滲入篆書的結構中去，而使其篆書婉轉流暢，這是他對篆書作出新的詮釋。

〔註146〕單國強《清代書法》（香港商務印書館2001年12月1版），頁254。

圖 5-4-7 《史游急就篇》

取自齊淵《趙之謙書畫圖目》尺幅：110cm×45.5cm。

　　總之，趙之謙深知篆書是一切書體的源頭，自言學篆始能隸，學隸始能為正楷。對先秦篆籀、詔版、漢鏡、錢幣、瓦當、漢篆、漢碑額等廣覽博取，加以融會消化，除宗法鄧石如外，趙之謙以行草的流動滲入篆書的結構中，可說比鄧石如更加婉轉流麗，常用方筆起筆，在線條頭部形成小小的頓筆，有時露鋒以明來路，或以見節奏，這是只會寫秦篆的人所無的。

（二）隸書作品

　　趙之謙隸書初學取法鄧完白，但有自己的個性與面貌，能出己意。趙之謙的隸書輕鬆活潑，閑雅婉媚。遠宗漢碑，涉獵甚廣，如從《史晨》、《劉熊》、《武榮》、《三公山》、《封龍山》、《鄭固》、《孔宙》、《華山廟》等碑攝取營養，漸遠鄧石如隸書風格，再揉進北碑筆意，從而建立自己的風格。茲選擇較具代表性作品，臨《三公山碑》、臨《封龍山頌》、《為懽伯隸書八言聯》、臨《劉熊碑》、《為子麟隸書世說新語》等作分析。

　　1. 臨《三公山》碑分析

　　趙之謙在北京期間為潘祖蔭訪古書，與沈均初同考金石，張仰山在琉璃廠松竹庵開店，是趙常去之處。同治甲子秋趙住沈家，乙丑四、五月沈遷居，一

時書信由張仰山收轉，此作或為答謝張仰山而作。

河北元氏縣有篆書的《祀三公山碑》（大），還有隸書的《三公山碑》（小），據《河朔訪古記》云：「三公神廟在元氏縣西北三十里，封龍山下其廟兩兩相對，……有漢封龍山碑一通，漢三公山碑一通，縣西故城西門外八都神壇，亦有三公山碑一通，漢光和四年常山相馮巡所立。」〔註147〕此記說明封龍山著名之碑尚有白石神君碑、無極山碑皆在封龍山下。小三公山碑是隸書，東漢靈帝光和四年（181）立，晚於篆書的《祀三公山碑》六十五年。

趙之謙為仰山臨隸書的小《三公山碑》。落款乙丑五月時趙 37 歲。此應為略參己意之臨作，用筆質樸，橫畫入筆直入帶有北碑筆意，收尾平出，轉折方圓並用，「名」、「為」撇畫似楷，「入」之捺（磔筆），筆勢縱逸。結體大小參差，有長有扁，章法活潑具流動之感，字距略大於行距。

圖 5-4-8 臨《三公山》碑

碑《中國書法全集·71 趙之謙卷》，頁 86。
尺幅：27.2cm×32.7cm。

2. 臨《封龍山頌》分析

《封龍山頌》東漢延熹七年（164 年）十月立。清道光二十七年（1847）

〔註147〕元代，納新撰《粵雅堂叢書·河朔訪古記》，（藝文印書館印行），頁 16。

十一月，元氏知縣劉寶楠（字念樓）訪得此碑出土較晚，然氣魄之雄偉，漢隸中無出其右者。其書法方正古健，點畫之中有篆籀之意，粗獷俊朗，有獨特的陽剛之美。與《石門頌》、《西狹頌》和《楊淮表紀》等同屬一路。

趙之謙此臨落款同治八年己巳（1869）時趙 41 歲。此《封龍山頌》四屏是為李煦齋而臨。《封龍山頌》四屏作品，起筆參用北碑筆法書寫，撇畫收筆回鋒上卷，體勢大抵左低右高，裝飾意味濃厚，是「分隸」合參之書。

圖 5-4-9　臨《封龍山頌》

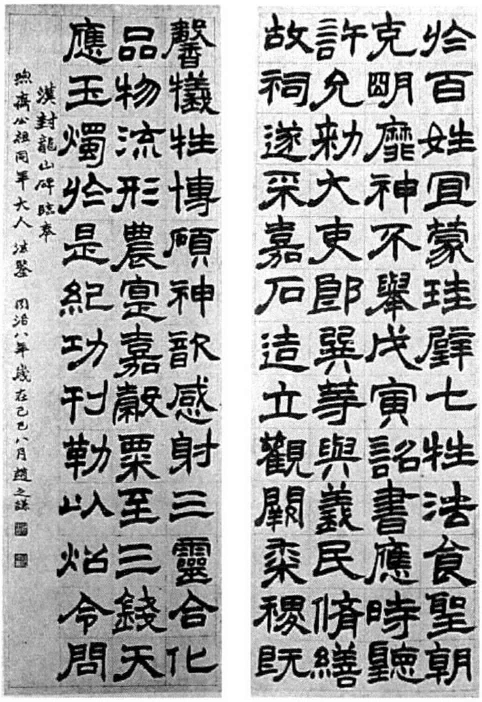

取自齊淵《趙之謙書畫圖目》（金蝶堂遺墨，頁 86～89）41 歲作。

3.《為懽伯隸書八言聯》分析

懽伯姓孫名憙，著有《宋井齋詩文集》，此聯約書於同治六年（1867）前後，同治六年趙 39 歲。趙氏集《甘氏星經》句。《甘氏星經》傳為漢甘公所撰，據考證為偽託。〔註 148〕此聯用筆橫畫略向上彎曲，波磔平出，且下壓而不像雁尾往上挑。折鋒入筆中鋒行筆，側鋒取勢。這種運筆法與四十歲前的篆書、楷書是統一的。落款小行書，字型圓轉，風格秀潤，故斷為四十前後書。此作與同治七年戊辰（1868）所作為《幼堂隸書七言聯》風格近似，

〔註 148〕《中國書法全集・71 趙之謙》，頁 277。

流暢而不失莊嚴，屬於知性創作。趙之謙隸書筆法出於鄧石如，而上溯漢碑，于《封龍山碑》、《張遷碑》用力頗深而不泥古，起步雖晚但著眼高，故能在短時間內確立其造型。

圖 5-4-10　《為懽伯隸書八言聯》

取自《中國書法全集‧71 趙之謙卷》，頁 110。
尺幅：167.5cm×34.5cm×2。

4. 臨《劉熊碑》兩幅分析

趙之謙素愛《劉熊碑》，原石久佚，顧燮光於一九一五年在河南訪得殘石。趙所臨為《天一閣本》，不只一次臨寫，在致魏稼孫、潘祖蔭等人書札中也不只一次提及，可見鍾愛之一斑。

此作未署年款，用筆圓潤，行筆起筆無早年折筆之特徵，結體隨意自然，章法端正嚴整，行距密集，互為參差，字距較為疏朗。落款行書自然，具北碑筆意，厚重而不僵滯，突出個性，屬晚年佳構。趙之謙雖主張隸生於篆，楷生於隸，但在實際的實踐中，趙之謙是將北碑的筆法融入篆隸中。劉恒說：「至其隸書則全守鄧法，只是在起筆的頓轉和收筆的波挑，更顯誇張

而已。」〔註149〕一般碑派書家都追求古意、樸拙、或造像記中的雄強霸悍，而趙一反常態，追求飄逸活潑，氣勢飛動。

圖 5-4-11　臨《劉熊碑》兩幅

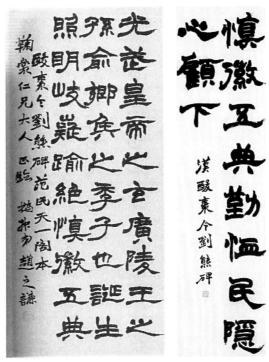

兩幅取自齊淵《趙之謙書畫圖目》無紀年。尺幅：92 cm×40.5cm。

5.《為子麟隸書世說新語》分析

隸書中參用北碑楷書筆意，寓勁挺於流動之中。用筆受包世臣「勾捺抵送，萬豪齊力」啟發，筆筆中鋒，力透紙背。趙之謙從北碑固有的古拙、樸茂、豪邁、蒼勁等特質的另一面，確立了流麗妍美勁健的作品基調。趙之謙早期學顏，中年極意北碑，取法與何紹基近似，而風格與何截然不同，這是趙取法善變，靈活運用的過人之處。

此作起筆處多折鋒，與四十以後隸書風格相類，字型扁方，取法在鄧石如與漢隸之間。落款「人、趙」平出，四十一、二歲後常見，應是此時期作品。整體型態與《曹全碑》、《禮器碑》有暗合之處。說明趙之謙隸書取法多樣靈活，舒展的線條，使結構空間略顯綿密拓展，生動活潑的線條，橫畫起迄的處理，超出逆入平出的規律。分析如下：

〔註149〕劉恒《中國書法史・清代卷》，頁217。

（1）筆法：用筆以「勾捺抵送，萬豪齊力」為準則，筆筆中鋒，力透紙背。橫畫線條起筆裹鋒重頓切入仰起。線段中部圓弧翻曲，收尾處下壓回鋒。

（2）結體：工整平衡的結構。

（3）章法：此作打破了行距，使字與字揖讓的筆畫，相互穿插，使其相互呼應關聯，造成章法佈局，靈動自然、婀娜多姿的藝術效果。

　　總之，每一個人的書法風格，都有一個統一的基調，趙之謙作品基調是建立在他對北碑獨特的認識和理解的基礎上。

圖 5-4-12　《為子麟隸書世說新語》

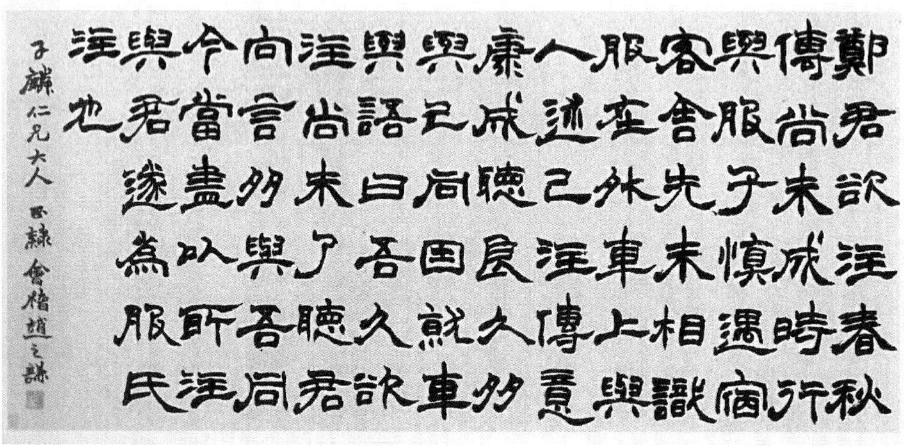

取自《中國書法全集‧71 趙之謙卷》上海博物館藏。尺幅：56.5cm×123.3cm。約書於同治八年（1869 年）41 歲。

四、風格評價

　　趙之謙不死守一法，更不拘於某家某體，甚至某碑的性格。在書法上巧妙地驅使其北碑特異的方筆，創造出一種勁拔的氣韻。用筆揮灑自如，氣象是開張，血脈暢通，神采粲然，風格方峻遒勁。趙之謙書法得北碑底蘊，以北碑為其質，以完白山人為其文。

　　將北碑融於各體其中，是趙之謙書法的一大特色。對趙之謙書法，持批評態度的則有康有為《廣藝舟雙楫》云：

　　撝叔學北碑，亦自成家，但氣體靡弱。今天下多言北碑，而盡為靡靡之音，則撝叔之罪也。〔註150〕

〔註150〕康有為《廣藝舟雙楫‧述學第二十三》頁 312。

康有為此評向燊已指出不免失之過刻，不能將不善學北碑之過，責任推給趙，實則康所見趙之北碑多在北京，乃趙早期在北京的作品，晚年作品多散在江西、浙江一帶，趙氏晚年北魏書何弱之有？趙之謙廣采博取，以其活潑的姿態和飛動的氣勢，獨樹一幟，開闢了晚清碑派書法新的境界，管領一代風騷。王潛剛《清人書評》云：

> 趙之謙篆書……用筆清雋少沉著，未盡平直。且以刻印之法寫篆，
> 印人之習往往如是，終究有風姿而少古意。〔註151〕

王潛剛此評亦欠當，未明趙篆所本，其實趙篆以紆餘勝。王原祁云：「用筆須剛健中含婀娜，婀娜中藏剛健，能諳此四字之奧窽者，自當知國畫之勝人全在用筆。」〔註152〕趙之謙的用筆正是剛健中含婀娜，婀娜中藏剛健，在柔美之中呈現雄偉的氣魄、豐富的線條魅力。其作品具有無與倫比的獨創性、強勁野性的風格，激烈、動態的筆觸中蘊涵著微妙智慧的筆法，於藝術創作學裡頗具卓識。令人為其遒美剛勁的風格所傾倒，並從中受到啟發，趙之謙打破小篆原有的嚴謹肅穆，代之以流便婉暢，自然活潑，將方折起筆法運用到篆書。追求篆書的另一種趣味。近人馬宗霍《霋嶽樓筆談》云：

> 撝叔書家之鄉愿也，其作篆隸，皆臥毫紙上，一笑橫陳，援之不能
> 起，而亦自足動人。行楷出入北碑，儀態萬方，尤取悅眾目，然登
> 大雅之堂，則無以自容矣。〔註153〕

馬宗霍雖有貶有褒，然貶之成分多。研究者認為有失公允，趙之謙充分顯示自己的藝術才華，他那對北碑獨特的認識和了解，截取用筆節奏和結字體勢。將其誇大，在古拙、樸茂、豪邁、蒼勁特質的另一面，確立流麗、妍美、勁健的作品基調。

趙之謙說他自己是天七人三，鄧石如是天四人六，包世臣是天三人七，吳熙載是天一人九。趙認為自己的天分最高，而於人力只盡到三分而已。趙之謙只活到五十六歲，假若何紹基也只活到五十六歲，那何紹基在書法史上就沒有今天的地位。

〔註151〕崔爾平選編點校《歷代書法論文選續編》頁841。
〔註152〕王朝賓編《民國書法》（河南：美術出版社，1989年6月1版）葉振家書作
　　　　內容。該書無頁碼。
〔註153〕馬宗霍《書林藻鑑・趙之謙》頁440。

五、新變成就

趙之謙以北碑融入篆隸楷行各體，是書法史上由帖學全面轉為碑學的傑出書家，其在書法上的新變成就，主要體現在以下幾項：

1. 直入平出　折鋒用筆寫篆

趙之謙從包世臣論書「逆入平出」得法，線條極峻險。篆書師鄧石如而與鄧完白的豪快不同，趙以刻印法寫篆，將北碑的「直入平出」和折鋒等用筆方法來寫篆書，運筆自如，表現了他的個性。施安昌云：「小篆作品，改圓轉為方折，勁拔有力，起筆收筆仍見方角，頓挫顯出魏碑意態。」〔註154〕以隸書的蠶頭燕尾增加篆書的流動感，又融入魏碑筆意，這是趙之謙篆書與他人不同之處。

2. 融北魏書入各體

趙之謙書法各體兼善，尤以北魏書見長。趙之謙篆書繼承鄧石如的筆法，特別在《孔宙碑》的碑額，師法它的用筆側鋒取勢，和結字讓頭舒腳的特點，因而使他的篆書精神活現、嫵媚多姿。隸書亦受鄧石如影響，參用鄧石如筆法，融合各碑的特點，尤其《劉熊碑》、《封龍山頌》，而自成體貌。向燊云：「撝叔書初師顏平原，後深明包氏，勾捺抵送，萬毫齊力之法，篆隸楷行，一以貫之，故其書姿態百出，亦為時所推重。」〔註155〕向燊說趙之謙書法是鄧派之三變，即由鄧石如而包世臣而趙之謙。

篆隸楷行，一以貫之，趙之謙各體書法，都能讓人感受到北碑「直入平出，折鋒用筆」的用筆法融入其中。

總之，趙之謙的新變成就體現在「直入平出，折鋒用筆寫篆」、「以方筆北碑，融入各書體。」趙之謙隸書學鄧石如，特別誇張他的挑法。但因北碑基調在隸書呈現，使其風格與鄧相反，這是其新變之處，趙走的是勁健秀美的風格。而其一生坎坷遭遇，仕途不得志，亦激發在藝術上創新開風氣，趙之謙是極少數兼通詩書畫印的人才，是文人學者書家的典範。

第五節　專攻金文大篆的吳大澂

吳大澂的篆書用筆蒼辣，自成新意，大氣淋漓，沉著雄厚，給篆書帶來蓬

〔註154〕《中國美術全集・節錄史游急就章》，（台北：錦繡出版社，1989 年 8 月出版），頁 153。

〔註155〕馬宗霍《書林藻鑑下・趙之謙・向燊云》，（台北：台灣商務印書館，1982 年 5 月 2 版），頁 440。

勃生機，對金石文字有精深的研究，開闊了對先秦文字的廣闊視野，使他的篆書從中汲取了不少的營養。吳大澂以小篆筆法寫大篆結體，氣韻高古；大小參差，風格淵雅樸茂，又精於鑒別和古文字考釋，是清末最有影響的金石收藏家和研究者之一，著述甚多。他將小篆古籀文結合，平時書信也以篆字為之。茲從其生平、學書歷程、作品分析，探討其新變成就。

一、吳大澂生平

　　吳大澂（1835～1902），初名大淳，為避清穆宗（同治帝）諱改名大澂，字止敬，又字清卿，號恒軒，又別號白雲山樵、愙齋、鄭龕、白雲病叟，江蘇省吳縣人。力學好書，十七歲入縣學，翌年始習篆文，得經學家陳奐，傳授江聲篆文尚書，成為日後書法基礎。二十一歲致力於宋學，兼好金石拓本，翌年得陳奐傳授段注說文解字，對書法及金石學有深刻的影響。三十歲鄉試及第。清同治七年三十四歲（1868年）中進士，歷任編修、河北道、太僕寺卿、左副都禦史等職。光緒十一年吳大澂於長嶺子中俄交界要隘上建銅柱，自篆銘，親自以大篆勒銘曰：「疆域有志國有維，此柱可立不可移。」〔註156〕，真可謂氣壯山河，光緒十二年（1886年）擢廣東巡撫。

　　光緒十三年八月，署河南山東河道總督。光緒十八年授湖南巡撫。光緒二十年1894年中日甲午戰爭起，他率湘軍出關收復海城，因兵敗革職。返回湖南，不久受命開缺。光緒二十四年（1898年），朝廷再降旨，將其革職，永不敘用。光緒二十八年（1902年）卒，年六十八。學者顧廷龍終身仰慕吳大澂編有《吳愙齋年譜》，刊於《燕京學報專號十》。

　　吳大澂集政治、學者、書家於一身，長期周旋於陳介祺、楊沂孫、俞樾、趙之謙、潘祖蔭、張之洞、吳昌碩、王懿榮、葉昌熾等人之間，得力於交游之便，見到大量的金石碑刻，提升了自己金石學方面的鑒賞修養。少從陳奐（碩甫）學篆書，中年後又參以古籀、金文，益精工，精於篆書。題跋行楷方正流麗，獨樹一幟。兼擅長刻印、作山水、花卉，用筆秀逸，嘗仿惲壽平山水花卉冊，及臨黃易訪碑圖尤妙。精鑒別，喜收藏，平生致力於古器物研究，為清著名金石考古學家。尤能審釋古文奇字。著有《愙齋詩文集》、《愙齋集古錄》、《說文古籀補》、《古玉圖考》、《字說》、《權衡度量考》、《恒軒吉金錄》、《續百家印譜》、《周秦兩漢名人印考》、《愙齋先生詩鈔》、《愙齋尺牘》

〔註156〕民國《吳縣志第二十二卷》載〈古代人物傳略138吳大澂〉。

等書。《清史稿》卷四百五十有傳。

二、學書歷程

吳大澂喜金石文字源於家學，其祖父吳經望收藏名人尺牘，字畫頗豐。外祖韓崇所藏書籍、碑版、金石、書畫數千種，著有《寶鐵齋集》、《寶鐵齋金石跋尾》。〔註157〕早年從陳碩甫學篆書，小篆酷似李陽冰。崔樹邊云：

> 吳大澂早年從陳奐（碩甫）學習篆書與《說文》，陳氏並以江聲篆書
> 手抄刊行之《尚書集注音疏》相贈，年輕時即以小篆聞名，時人常
> 以斯、冰目之，線條勻潔，結字工整，有端正規範之格，然缺古厚
> 變化之態。〔註158〕

此言吳大澂學篆與說文是向陳奐（碩甫）學的，並以篆文寫孝經五十遍。章太炎云：「陳奐篆書舒卷。」〔註159〕對其評價不差。吳大澂中年以後又參以古籀、金文，吸收金文筆意，書法益進。根據顧廷龍《吳愙齋先生年譜》吳氏自 1868 年，任陝甘學政期間，肆力蒐集金石，始好古吉金文字。在光緒二、三年間用金文寫尺牘，直接取法鐘鼎文字。中年愛好吉金文字，吳大澂於 1877 年（42 歲）至虞山拜訪楊沂孫，縱談古籀文之學，楊沂孫勸以「專學大篆，可一振漢唐以後篆學委靡之習。」〔註160〕受楊沂孫的啟示，將小篆與金文相結合，並用這種方法書寫《論語》、《孝經》以及信劄。吳大澂在金文書法領域達到很高的造詣，他的篆書大小參差、淵雅樸茂，獨樹一格，在當時是一種創造。吳大澂寫篆書，喜用隸書書款。他的隸書橫平豎直，亦取法漢碑。

總之，吳大澂學書歷程，早期從陳奐（碩甫）學小篆似李陽冰，中年受楊沂孫啟發，致力吉金文字，吸收金文筆意。晚年將小篆、古籀文結合，平時書翰也常用金文篆字為之，規矩整齊，別有情致。他對金石文字有精深的研究，把考釋古文字與研究作為終極目標，所以考釋多所創建，尤能審釋古文奇字，此可從《說文古籀補》與《字說》兩書印證。

〔註157〕蕭翰〈中國書畫報・吳大澂篆書藝術探究〉，2009 年第 101 期（總第 1947 期）2 版。

〔註158〕崔樹邊《書法研究・宋、清兩代金石學對書法的影響及其背景分析》（上海書畫出版社，2002 年 5 月），頁 79。

〔註159〕馬宗霍《書林藻鑑》，頁 429。

〔註160〕顧廷龍《愙齋先生年譜》（台北：文海出版社，1965 年 6 月出版），頁 64。

三、學術成就

　　清代同治、光緒、宣統三朝是金文學全盛期，由於印刷術方便，使金文學更為普及，金文學家大別為南北兩派，北派以山東陳介祺[註161]（1813～1884）執牛耳。陳介祺因長於鑑識古銅器，大江南北無出其右，全國學者如得新銅器，必拓下銘文，請他鑑別，金石拓本的技術也是陳介祺開發的。南派以江南為淵藪，金文學家進行文字學的金文研究，以吳大澂為代表。吳曾獲陳介祺所贈陝西新出土的《毛公鼎》拓本四百九十七字，欣喜若狂於是考釋難解的金文。著《周誥遺文》。

圖 5-5-1　吳大澂《周誥遺文》

　　吳氏進一步認為金文及古貨幣與古印文可以補《說文》所引古文、籀文之缺，依說文順序，著作了古文字的字典《說文古籀補》十五卷。因其根據的是金文資料，凡與說文字形不合者，則附闕疑於卷末，使其《說文古籀補》被譽為有清一代，解讀金文，成果最輝煌的金文字典。其《說文古籀補敘》云：

> 古籀廢絕二千年，至於今日孰從而及其變哉。說文所載重文，後人或有增加，真偽參半，郭忠恕汗簡所輯，皆漢唐六朝文字，點畫不真，詮釋不當，夏竦四聲韻，相為表裏，其謬則同，所謂商周遺跡無有也。說文言郡國往往於山川得鼎彝，其銘即前代之古文，皆自

〔註161〕陳介祺字壽卿，號簠齋，山東濰縣人，道光二十五年進士，清代大收藏家。精鑑藏，以藏有毛公鼎著名。為子孫立下三條規矩：一不許作官，二不許經商，三不許念佛信教，只希望後輩安分守己，潛心學問，傳承書香門第、金石世家薪火。研究古文字學者，對其人無不欽佩，其為人由此可知。

相似，知許君參稽金刻為多，自宋以來三代法物日出而不窮，其文
啇皇岊茂，倜儻離奇，說文不盡有，以形聲求之無不可識。今清卿
之作，依說文部居，始一終亥，以類相從，有條不紊，一一皆從拓
本之真者摹其形，信而有徵，……語許君所未盡語，通經典所不易
通。〔註162〕

潘祖蔭是吳大澂的老師，由其敘文，可知此書可補許慎《說文》中古文之缺
失，其對古文字研究價值貢獻甚大。民國以後容庚的《金文編》即繼承吳氏
方針所著。〔註163〕吳大澂懷疑《說文》中的古文和西周金文字型差異太大，
提出說文中的古文，不過是漢代在孔氏舊宅壁中出土的古文經的文字，這種
文字不過是戰國時代列國分化之後的書體，金文字體才是西周時代的標準字
體。這個創見，到了民國王國維進一步研究，認為古文是戰國末通行於東方
諸國的字體，籀文為西方秦國通用的字體。這也證明金石文字不僅對詩文修
鍊有用而已，能補史書之缺，勘史書之誤。吳大澂《說文古籀補》的編纂出
版正是他精通古籀最佳明證，該書將鐘鼎、璽印、陶器、貨幣等三千五百餘
字及增補一千二百餘字，按《說文》體例編成，此書對書法史有重大的影響
與貢獻，學術研究的紮實是其能寫守法而不拘法的大篆根基。

四、作品分析

　　吳大澂篆書早期寫小篆，酷似李陽冰，中年愛吉金文字，後又大小篆結
合，好以金文融合小篆寫尺牘，又以大篆寫論語、孝經，書法風格多樣，今
將其作品分早期小篆、中年致力吉金、晚年融合金文小篆等三個階段，選擇
較具代表性的作品，分析如下：

（一）早期小篆似李陽冰

1.《結德、援雅對聯》、《藉甚、湛然對聯》分析

　　此兩件作品，未署何年作，吳大澂早年從陳碩甫學篆書，有酷似李陽冰之
說。小篆線條勻淨挺拔，雅潔雋永，從鄧石如上窺二李，是早期宗秦篆比較規
整面貌，整齊劃一，馬宗霍譏有如算子。此作不論用筆結體極為精巧，合乎李

〔註162〕吳大澂《說文古籀補·潘祖蔭說文古籀補敘》（國立台中教育大學圖書館藏
　　　　書），頁2。
〔註163〕日本貝塚茂樹《書道全集·第十四卷清2〈清朝的金石學〉》（台北：大陸書
　　　　店，1989年1月出版），頁29。

陽冰玉筯篆之美學要求。

2.《有古、得名聯》、《知足、有為聯》分析

此兩件未署何年所作,《有古、得名聯》用筆謹嚴,粗細一致,形體瘦長,用墨自然,偶有乾筆,更顯蒼勁,功力深厚,是優秀的玉筯篆佳作。

《知足、有為聯》用筆嚴謹,結體前幅較瘦長,此則略短些,而遇相同的字,如「知、足、有、為」結字造型皆有變化。線質比較粗,渾厚蒼勁,應是參石鼓筆意,氣象博大,功力深厚,是難得的佳作。

圖 5-5-2 《結德、援雅對聯》　　　圖 5-5-3 《藉甚、湛然對聯》

取自 www.zhsh5000.com(2012/4/28 搜尋)。尺幅:129cm×28.5cm×2。

取自 www.artx.cn/renwu/W/409_547.html (2012/4/28 搜尋) 尺幅:131.2cm×28.8cm×2。

圖 5-5-4 《有古、得名聯》　　　圖 5-5-5 《知足、有為聯》

取自 baojianming07.blog.163.com
（2012/4/28）。尺寸：129cm×
28.5cm×2。

取自網路搜尋・書法空間 www.9610.com
（2012/4/28）。尺寸：111cm×31.7cm×2。

（二）中年致力金文

　　吳大澂中年致力於金文研究，於散氏盤臨摹、秦銅權臨摹，用功甚深，以金文創作出《知過論軸》、《古鉨七言聯》等優秀作品。茲分析如下：

1. 臨散氏盤分析

　　此《散氏盤》為矢人將地移付散時所立的契約，共三百五十字。郭沫若考證認為是西周晚期典型的金文代表之物。原迹字形雄偉，線條粗放不羈，風格厚重樸茂，間架自由錯落，線條厚重渾圓，隨意歪斜，具有野逸古拙的格調。

　　吳大澂酷嗜三代吉金，是散氏盤的早期關注者，此臨落款光緒己丑（1889）年，吳大澂時為 54 歲，他臨散氏盤，著力于對厚重感的追尋，屬於工穩一路。以大篆作方折，有大家氣魄，以整潔清正為旨，不太講究起伏頓挫之美，而有肅穆的古風在。原作結體略顯扁圓，此臨用筆渾圓，結體較原迹端莊平正，然稍嫌缺乏變化，具有靜穆淡雅之美。

　　2. 秦銅權分析

　　此作藏於南京博物館，為作者中年之後作，其篆書隨著斯、冰小篆邁向三代吉金，開創出自己的風格。此軸臨秦銅權而顯自家風貌，正是他成熟風格的表現。形體方正，筆法嚴謹持重，中鋒澀勁，古趣盎然，章法整齊，具有很強的剛性特質。此作異於秦篆常態，筆劃粗細勻稱，空間安排均勻，不求上密下疏，轉折圓中見方，轉筆處多用方折，形似入印的繆篆。接近漢代篆書，筆畫光潔、瘦硬，給人精確、嚴肅的秩序感，具有敦厚、堅挺之形象，在書法上亦取得極高的藝術成就。

圖 5-5-6　臨散氏盤圖　　　　　　　　圖 5-5-7　秦銅權

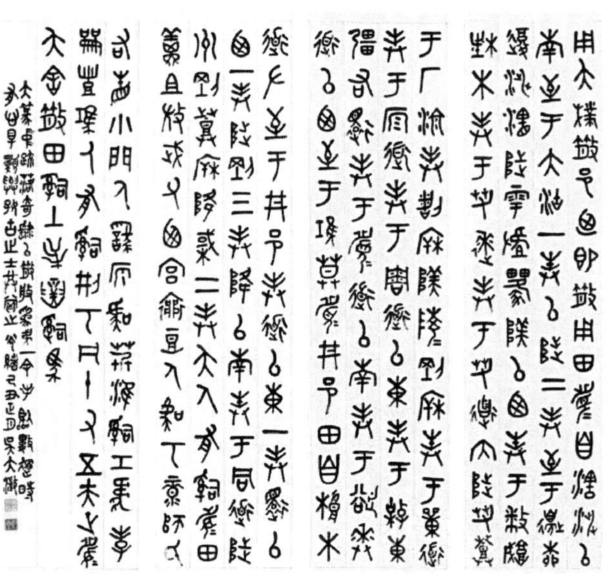

取自 auction.artxun.com/paimai-21-103290.shtml
（2012/4/28）尺幅：143cm×37cm×4。

南京博物院所藏。尺幅：
178cm×95.1cm。

　　3.《知過論軸》分析

　　此軸書法大小篆結合，兼取金文，點畫參差，結體古拙，方圓融合，剛柔

相兼，頗具鐘鼎古籀之態，與其他圓勁端莊齊整的小篆作品，風格形成強烈對比，從而可知吳大澂篆書有多樣變化和深厚功底。

4.《古鈢七言聯》分析

此篆聯係集鐘鼎文字，結體工穩，筆勢精妙，古意盎然。從楊沂孫到吳大澂，是清代篆書方折一派的完整脈絡。所不同的楊沂孫是以小篆作方折，而吳大澂是以金文大篆作方折。楊沂孫專注於《說文》，吳大澂酷嗜三代吉金。吳大澂筆法不講究頓挫起伏的節奏之美，作品整潔清正，具端莊肅穆的古風，有大家氣派。

圖 5-5-8 《知過論軸》　　　圖 5-5-9 《古鈢七言聯》

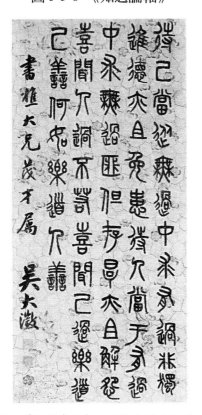

取自《清代書法》北京故宮博物院藏。
花箋紙本。尺幅：129.3cm×60.3cm。

取自《中國美術全集書法‧篆刻6》，頁184。
吉林省博物館藏。尺幅：129cm×30.5cm。

（三）晚年小篆與金文結合

晚年以小篆與金文結合，創立獨具一格的金文風格，其中最具代表性的作品就是《大篆論語》與《大篆孝經》。其次《贈西泉四兄七言聯》、《贈少鋆大

兄七言聯》、《篆書七言聯》與致《潘祖蔭書札》。吳大澂作品，大部分落款未署何年創作，僅以風格相近判定為晚年。

1. 吳大澂《大篆論語》與《大篆孝經》分析

吳大澂將研究銅器銘文、陶文、璽印、貨幣等先秦文字加以實踐消化，再用寫小篆的筆法來寫金文。李彥樺說：「中年以後，吳大澂作篆模仿楊沂孫，將長方形壓為正方，字勢則更為開闊。」〔註164〕此時寫金文已不是單純臨摹，而是將結構規範統一，變爛漫為整飭，化斑駁為光潔。如以古籀篆《論語》、《孝經》兩書，集金文與陶、璽文字之大成，渾然一體。

用小篆筆法寫金文，金文是商周鐘鼎屬於大篆，秦代篆書屬於小篆，不同時代的文字，按常理本不宜出現在一件作品上，但書家希望上追先秦，不滿足停留在大眾熟悉的小篆，而大篆結體難記，吳大澂寫《論語》、《孝經》兩書遇到古文字也闕如時，只好用小篆結體，在筆勢上稍加變化融合，寫的幾乎渾然無跡，作為學習大篆書法亦是最佳範本。

圖 5-5-10　吳大澂《大篆論語》　　圖 5-5-11　吳大澂《大篆孝經》

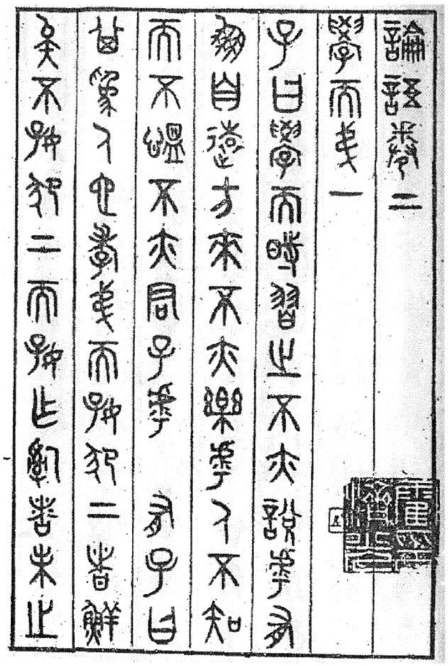

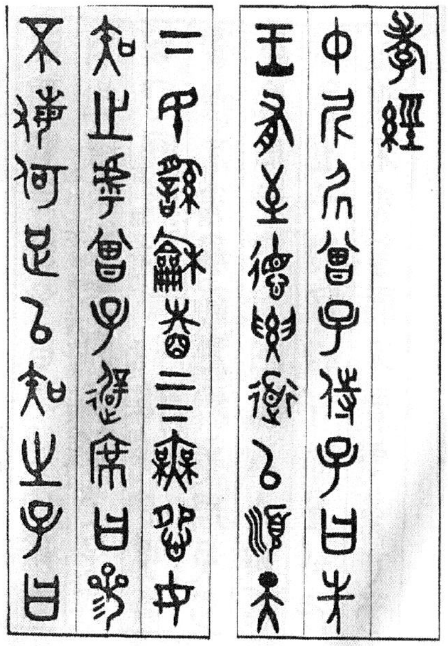

清卿中丞原本‧影印霍氏藏民國二十三年石印本。

清卿中丞原本‧影印霍氏藏民國二十三年石印本。

〔註164〕李彥樺《吳大澂‧愙齋尺牘及書風研究》，師大美研所美術史組 93 碩士論文，頁 106。

2.《贈西泉四兄七言聯》分析

光緒己丑是 1889 年，吳大澂時為 54 歲。此幅篆聯取法鄧石如，用秦篆、金文之筆法書寫，提筆中含，圓勁婉通，骨法凝重。結體形方而實圓，富於變化，少數字參以大篆寫法。「校、碑、石、真」具方折之感。實際上用筆仍以圓勁為主。題跋用行書也甚協調，不失為晚清金石書法名家。

3.《贈少鋆大兄七言聯》分析

篆書自鄧石如博古變法以來，使衰落的篆書振興，重放異彩。繼而吳昌碩獨樹一幟。吳大澂與吳昌碩幾乎同時期，初學二李，酷似李陽冰，沿襲鄧石如的足跡，又取法鐘鼎銘文，合而為一。用筆渾圓、結體端莊，此作既有二李的瘦勁，又有金文的厚重。此聯大篆結體，風格在鄧石如與吳昌碩之間，富書卷氣。亦可說少了強烈的個性。

圖 5-5-12　《贈西泉四兄七言聯》　　圖 5-5-13　《贈少鋆大兄七言聯》

取自中國書法鑑賞大辭典，頁 1277。

取自《篆書入門》（藝術圖書公司），頁 108。

4.《周銅、唐玉對聯》分析

吳大澂收藏鐘鼎古器，親自摹榻，喜作大篆，而運筆卻全是小篆筆法，

取法先秦銅器銘文，風格古雅，筆意高渾。馬宗霍云：「愙齋好集古，所得
器最多，手自模拓，而下筆卻無一豪古意，其篆書整齊如算子，絕不足觀。」
〔註165〕此評未見公允，蓋作大篆須有相當的金文識字能力，又手自模拓，
怎會無一豪古意？金文難識，一般書家是寫不出來的。為了熟習篆書，政事
之餘，吳大澂用大篆寫《論語》、《孝經》，與朋友書札亦用篆文書寫，這種
勤奮精神是值得敬佩學習的。

圖 5-5-14　《周銅、唐玉對聯》　　　　圖 5-5-15　致《潘祖蔭書札》

取自《書道全集‧第十四卷清二》（大　　取自《中國美術全集書法‧篆刻 6》，
陸書店），頁 83。尺幅：139.7cm×　　頁 185。尺幅：24.5cm×12.2cm。
32.4cm×2。

5. 致《潘祖蔭書札》分析

　　吳大澂與陳介祺、潘祖蔭通信，往往作篆札。此書札係致其師潘祖蔭者，
用古籀體書寫，是為罕見之作，足見其篆筆之精詣，為晚年之精品。用筆方
圓相濟，於中鋒行筆中間用側鋒行筆，筆鋒剛勁，如刀似戟，字勢左右參差，

〔註165〕馬宗霍《書林藻鑑‧霎嶽樓筆談‧吳大澂》，頁 442。

工整嚴謹，錯落有致，風格古樸，在靜穆沉雄中寓有活潑靈動之巧思。以金文作書札是前所未有之創舉，可見其金石學領域的學養。在此之前江聲曾以小篆作書札，而以金文作書札，吳大澂是第一個。

6. 愙齋尺牘分析

吳大澂，清末的金文學大家，不僅篆文、金文對聯，世人視為珍寶，連日常書簡，都可如意驅使隸書、篆文、金文寫作。吳大澂獲陳介祺贈毛公鼎銘文拓本，欣喜若狂，於是考釋金文，著《周誥遺文》。認金文可補說文所引古文、籀文之缺，著作《說文古籀補》而與陳介祺往來書札，均以金文為之。此尺牘卓越的墨跡手札，可管窺其金文功力之一斑。

圖 5-5-16 愙齋尺牘

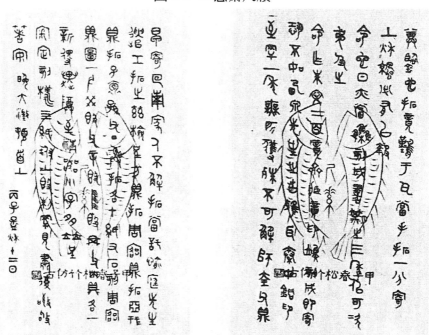

取自《書道全集第十四卷・清二》（大陸書店），頁 27。

總之，吳大澂受楊沂孫影響將大小篆結合，開拓了對先秦文字的廣闊的視野，他考證古器銘文及古文字頗多精論，使他的篆書在清代篆書中別樹一幟。

五、風格評價

吳大澂的篆書很有特色，一是功力深厚，二是氣息醇雅。主張以商周為

宗，書風平正規整，贏得金文開山之祖的稱號，其篆書與尺牘風格，李彥樺說：

> 時間較早者多用小篆筆法，結構與章法較為規整，風格較類似《毛公鼎》、《大盂鼎》等銘文；時間較晚者變化較多，除所見彝器與拓本增加外，復因熟悉大篆結構與神韻，故能推陳出新，用筆方圓相濟，於中鋒行筆中，兼用側鋒行筆，字勢左右參差，大小錯落，在靜穆沉雄中寓有活潑靈動之巧思。〔註166〕

李彥樺說吳大澂書法，早期多用小篆筆法，結構與章法較為規整，晚期變化較多。吳大澂仕途通達，官迹遍及北方各地，故收藏古物數量繁多，利用收藏取得高水平的研究，並以尺牘方式展現其所學習成績，而尺牘來往的對象主要的有陳介祺、潘祖蔭、俞樾、李鴻裔等均為金石學者之長輩。吳氏在致陳介祺信中云：「學篆二十餘年，患勻患弱，勻弱則庸，近始力避勻，而舊疾略去一二，弱則總不能免也。幸教之。」〔註167〕吳氏自云近始力避勻，弱則總不能免也。筆者觀察吳氏篆書作品，覺得並不弱，單字結體亦有變化，但整體給人端莊工整之感，所謂「勻」或指過於工整。潘祖蔭喜收藏吳氏篆文尺牘，馬宗霍《書林紀事》云：

> 吳清卿大澂，喜作篆籀，官翰林，嘗手篆五經說文，平時作札與人，亦用古篆，其師潘文勤（祖蔭）得之最多，不半年成四巨冊，一日謁文勤，坐甫定，即言曰，老弟以後寫信，還宜稍從潦草，我半年付裱所費不貲矣。越數日復柬之曰，老弟古文大篆，精妙無比，俯首下拜，必傳必傳，兄不能也。清卿後出而撫湘，有時判事亦作大篆，胥吏不能識，往往奉牘進質，乃手講指化以告之。〔註168〕

吳大澂以金文大篆作書札，胥吏不能識，實有虧實用。但書札往來者，大半是金石家、飽學之士，由其師潘文勤的喜愛收藏，可見篆籀古文難辨，即使一、二字不識，亦所難免。

　　丁佛言稱吳大澂為寫金文的開山鼻祖，吳大澂的書法，清人王潛剛云：

〔註166〕李彥樺《吳大澂《愙齋尺牘》及書風研究》（國立台灣師範大學·美研所美術史組民國93年碩論），頁108～113。
〔註167〕吳大澂《吳愙齋尺牘·之二》（民國8年（1919）商務印書館石印本）清末民初黃樹滋先生藏。《吳愙齋尺牘》內容為吳大澂與簠齋陳介祺來往之書信。用金文、甲骨文、行書、行草等各體寫就。
〔註168〕馬宗霍《書林紀事》（北京：文物出版社，2003年2月2刷），頁107。

論清人之書，在何子貞後得一人焉，曰吳大澂。其人政績無足道，然
精鑑賞富收藏，以數十年之精力習大篆。又精研六書，集古代之金文，
而以小篆字勢變化之，遂於鄧完白、錢十蘭之外獨樹一幟。〔註169〕

王潛剛對吳大澂的書法給予極高的評價，何紹基後一人，而其人政績無足道，
則過苛。陳振濂說：

吳大澂身上的士大夫特徵與他的幹練，合為一體，如他直言諫皇帝
大婚典禮隆縟，奏請裁費，直言建耗費修頤和園，更是捋虎鬚逆龍
鱗的舉動。剛直所在，誠不虛也。以後奉命襄辦賑務，平定邊防，
會辦北洋軍務，出使朝鮮，督治河患，皆是馬到成功。〔註170〕

由此可知吳大澂幹練、直言，亦有事功。甲午戰爭吳大澂自帥湘軍赴朝與日
戰，全軍盡殁，遭革職永不敍用。此或是王潛剛評其政績無足道之因。在小
篆上，錢坫在傳統李陽冰玉筋篆方面堪稱功力最深，鄧石如則再以隸作篆，
革新第一，而吳大澂的成就則表現在金文大篆上。馬宗霍云：「大澂工篆書，
中年以後，又參以古籀文，書法益進。」〔註171〕參以古籀文，對書法的線條
質感，有提升作用。向燊云：「愙齋工小篆，酷似李陽冰，又以其法作鐘鼎文，
為世所推重，行書則師曾文正。」〔註172〕工小篆，酷似李陽冰，說明其小篆
功力甚深，又用小篆筆法寫金文。

馬宗霍《霋嶽樓筆談》云：「愙齋好集古，所得器最多，手自摹拓，而
下筆卻無一豪古意，其篆書整齊如算子，絕不足觀。」〔註173〕吳大澂取法
金文古籀，多重形體，而忽視金文筆畫的蒼茫拙辣，和章法上的參差錯落，
使部分作品，有整齊如算子之譏。綜合三則所言，吳大澂以小篆法作鐘鼎文，
工大篆是為世所肯定的，而馬宗霍所評，幾乎全是貶語，無一豪古意，整齊
如算子，絕不足觀。整齊則或有之，無一毫古意，則未免過偏，試想吳大澂
終日摩娑古文字，著有《說文古籀補》會毫無古意嗎？然觀其致潘祖蔭書札，
則大小參差，錯落有致，算子之譏，絕不足觀，所評亦非公允。吳大澂篆書，
王潛剛云：

用筆用墨皆精當，其書小至一二分，大至榜書，無不佳妙，實為篆

〔註169〕崔爾平《歷代書法論文選續編・清人王潛剛書評》，頁833。
〔註170〕陳振濂《中國書畫篆刻品鑑》（北京：中華書局，1997年4月1版），頁335。
〔註171〕馬宗霍《書林藻鑑》，頁442。
〔註172〕馬宗霍《書林藻鑑》，頁442。
〔註173〕馬宗霍《書林藻鑑》，頁442。

> 書一大家。同時以小篆書名者，有楊沂孫、吳俊卿，楊取篆之勢，
> 得方整之度。吳習石鼓、秦詔版，而參以古金文，錯落有致。楊未
> 能變化新意，吳則畢生精力用於刻印，在石則古趣橫生，在紙則嫌
> 作用太過，二人皆不如大澂之能追險絕於平正之後，寫神明於規矩
> 之中也。〔註174〕

王潛剛透過比較，認為楊沂孫、吳昌碩與吳大澂篆書各有特色，主要是取法不同，而楊沂孫少變化，吳昌碩則致力於篆印，二人皆不如吳大澂之能追險絕於平正之後。沙孟海說：「吳大澂金石之學很有功夫……用筆也是鄧法，比較直率些，結構最規矩，……他的篆書功力有餘，而逸氣實在不足。……不能不認他是個大方家數。」〔註175〕書為心畫，藝術是人心靈的外化，主體情思所表現的美，實際上是書法家將自己的品格、學養、天資、情性等審美理想，外化的過程。氣韻生動是藝術追求的最高境界，神韻是品鑒書法藝術作品優劣的核心。沙孟海評其「逸氣不足」，可見尚缺灑脫的主體情思。

六、新變成就

明白吳大澂的書風評價後，再探討其新變成就，主要體現在以下幾方面：

（一）以小篆筆法寫金文

吳大澂平生留心於古器物、古文字遺跡的研究與收集，吳比趙之謙小六歲，在北碑書風的後勁，專攻大篆使書學潮流轉向金文，著有《愙齋集古錄》、《古籀補》、《古玉圖考》、《古字說》、《權衡度量考》、《恒軒吉金錄》，足以顯示收藏之富、見識之廣、鑽研之深。也因此醉心於大篆書法，以大篆寫《論語》、《孝經》兩書，用功勤苦。其大篆多效法西周晚期金文《虢叔旅鐘銘》、《史頌簋銘》之類的風格。〔註176〕這一時期銘文，整體風格顯得莊重、肅穆。

因研究金石，專攻大篆，必須在古文字學的領域有精深的造詣。作為研究大篆早期的書家，對大篆書法的振興與發展，有開導之功，開拓了對先秦文字的廣闊的視野。大篆比小篆、漢篆識字都難，吳大澂是寫金文的先行者，之後

〔註174〕崔爾平《歷代書法論文選續編·清人王潛剛書評》，頁833。

〔註175〕沙孟海《論書文集·近三百年書學》（上海：書畫出版社，1997年6月1版），頁61。

〔註176〕徐利明《中國書法風格史》，頁508。

僅吳昌碩大篆成就較高。

（二）首創以金文書寫論語、尺牘

吳大澂以金文書寫尺牘，在當時可能為了使識字更熟練，而在今天看來保存了許多可貴的文獻資料，而且這些書札亦不失為優秀的書法藝術佳作。這些尺牘體現了師友間的感情與對金石學真摯熱愛，因師友的啟發，吳大澂書法直追周秦，成為一代大家。鄭麗芸說：

> 吳大澂大篆手迹，給人的第一印象往往是勻稱、典雅，且古風馨香，但稍加分析，便會使人情不自禁地為那蘊顯其間的倜儻叫絕，這是一種平穩的表象中包孕無限情致的傑構，那勻稱的佈局乃是由大小參差的結構，疏密錯落的布白、抑揚頓挫的筆致匯合而成，無怪乎字裡行間充溢著清新的氣息、超脫的情趣、勻而不勻的意蘊，而這些恰恰是他大篆個性之所在。」〔註177〕

鄭麗芸對吳大澂讚美之至，言其勻稱、典雅，且古風馨香，平穩的表象中包孕無限情致的傑構。吳大澂在普及金文書法，尤以大篆寫《論語》、《孝經》，於儒家典籍的傳揚與豐富書壇篆書面貌方面，其貢獻功不可沒。

總之，吳大澂以篆書最為著名，特色是將小篆、古籀文結合，風格淵雅樸茂。楊守敬云：「乾嘉之書家，莫不胎息於金石。」〔註178〕金石學興起，導致中、後期書風的轉變。把金文石刻當作經學、文字學、史學的補充史料，其考證學研究，確立了金石學的學術地位，由學風影響書風，由中期石碑學到晚期轉入金文學。吳大澂是清末的金文學大家的代表。其金文、篆文作品，得之者以珍寶視之。

第六節　渾樸厚重的吳昌碩

吳昌碩為清末民初藝術大師，其作品真氣彌滿，蒼古奇肆，雄健樸厚，篆刻尤為擅長，其篆、印之大寫意風格，名播中外，是開宗立派的大師，詩書畫印四絕。篆刻、繪畫的基本功夫，源於《石鼓文》書法的精湛造詣。吳昌碩在藝術史上實為罕見，其藝術成就影響至今不衰。本節將從其生平、學

〔註177〕 《篆隸書基礎技法通講‧鄭麗芸‧〈吳大澂大篆賞析〉》（1998 年 6 月 3 刷原載上海書畫出版社《書與畫》總第 21 期），頁 127。
〔註178〕 楊守敬《書學邇言》，頁 101。

書印歷程、作品分析、風格特色等方面，探討其成功新變之處。

一、吳昌碩生平

吳昌碩（1844～1927）初名俊、俊卿，字倉碩、倉石、缶盧、苦鐵、破荷、大聾、老缶、酸寒尉、破荷亭長等。浙江安吉人，少年時受其父影響喜歡作書、刻印。其父名辛甲，與伯父皆鄉試舉人。父雅好金石篆刻，所以吳昌碩十多歲就學習篆刻。二十九歲到蘇州，在潘祖蔭、吳雲、吳大澂處獲見三代鼎彝、歷代碑刻與名人書畫，又從楊峴、俞樾習辭章、訓詁、書藝。刻苦鑽研，詩書畫印皆有很高的造詣，1913 年被推為西泠印社首任社長。著有《缶盧集》、《缶盧印存》等。

（一）生平分期

吳昌碩一生大體分三個時期：二十八歲以前為早期，二十九歲至五十九歲為中期，六十歲以後為晚期。

1. 早期：太平天國（1860）興起，昌碩於逃難中與家人失散，流落他鄉，為人作庸工雜役，二十一歲始回家鄉，盧舍盡墟，家人多亡，父子二人相依為命，於二十二歲縣學考試中了秀才，二十五歲父親去世後，獨立生活，吳昌碩成長的環境是一個艱苦動盪不安的時代。

2. 中期：二十九歲結婚後，開始外出、交遊、尋訪師友如吳大澂、從俞樾學文字、訓詁、辭章。一大批的文人、名流、藝術家提高了吳昌碩的文化視野，增進了他的文化素養。這時期是他讀萬卷書、行萬里路、看萬張畫、交萬人友的錘鍊時期。

3. 晚期：六十歲前後，吳昌碩的詩、書、畫、印都已高度成熟，自立面目，且風格強悍，譽播海外。早期被評為「村氣滿紙」，老年期始被認同，走向藝術創作顛峰。

（二）師友

吳昌碩二十三歲，從鄉賢先輩施旭臣學詩和書法，後又兼學篆刻、精究小學與金石學。〔註179〕二十六歲向當時名儒、經學大師俞曲園學習詞章、書法和訓詁之學，時約兩年，為專攻詩書畫印，立下紮實基礎。三十一歲，顏文采召往湖州任司賬，實是為栽培他。吳氏藉機看了許多藏書、歷代碑帖、

〔註179〕《中國書法全集・吳昌碩 77》，（北京：榮寶齋出版社，2004 年 5 月），頁 2。

名人書畫真跡，以及鐘鼎彝器等文物。顏氏又介紹昌碩到陸心源家作司賑，陸氏收集古磚，吳氏幫其整理分類，協助編寫《千甓亭古磚圖錄》。磚文圖畫線條，展示古樸蒼勁，為後來書法篆刻奠定堅實基礎。三十七歲結識吳雲，吳雲收藏鐘鼎彝器、秦漢璽印甚多，視昌碩如子侄。四十歲，經人介紹認識任伯年，兩人性格相同，一見如故。客居蘇州期間交遊的師友有楊峴、沈石友、張子祥、陸廉夫、蒲作英、潘伯寅、吳大澂等人。長年接觸鐘鼎器物、書畫真跡，於胸襟、視野、學術修養大為提升。

　　吳昌碩性喜交遊，四十九歲摘記平生交遊傳略，寫成《石交錄》，如沈楚臣「性豪爽，有奇氣。」或顧潞「性木訥，善繪事」或沈鳳詔「文采倜儻，有王謝風。」……述及契友四十三人。〔註180〕五十歲又整理《削觚廬印存》，述及十八位刻印契友，所交都是學有專長，或性情中人。〔註181〕姜一涵說：

> 吳昌碩一生接觸許多高人、藝術品、古董碑帖，若一定要問受何人影響？臨摹那些碑帖？未免「膠柱鼓瑟」，一句閒話或一件作品的啟發，都有可能決定他一生的大方向。所以不必強調臨過什麼帖？但是他和俞曲園、吳大澂、沈寐叟、任伯年、虛谷等交遊，則確實對他的人生，藝術境界有著極大的關係。〔註182〕

據姜氏所言，影響一個人藝術風格的因素的確太多了。即使文化背景相同，而審美趣向差異也會影響風格。吳昌碩欣賞「性豪俠，有奇氣」，也欣賞「性沉靜，斂氣自守」的人，早期指點書印的吳山（字瘦綠）曾教他「篆隸如印泥畫沙，無取形似」〔註183〕，吳昌碩在篆隸上表現正是重質樸、精神，無取形似。吳昌碩終生服膺楊峴，楊峴為學博綜漢唐，詩、古文皆佳。楊氏理解吳昌碩對高古渾樸風格的追求，兩人成為莫逆的忘年交。

（三）個性

　　吳昌碩的個性，其友人張鳴珂在《寒松閣談藝瑣錄》評價為「性孤冷」，從吳昌碩飽經生活憂患、看盡世態炎涼，因而性情狷介，自有合理真實之處。

〔註180〕吳昌碩四十九歲摘記生平交友，請譚復堂為之序，復堂以石交為名，姑即以石交為名。

〔註181〕劉正成《中國書法全集·吳昌碩·吳長鄴〈吳昌碩的先世、後裔、與交友〉》，頁25。

〔註182〕姜一涵《書道美學隨緣談二》（台北：蕙風堂筆墨有限公司，2001年4月初版），頁99。

〔註183〕梅墨生編《吳昌碩》（藝術家出版社，2003年1月初版），頁11。

但從實際的交友與為人來看，他是冷中有熱、外冷內熱、冷俗熱雅。吳是性情中人，性孤冷而又真率灑脫，在《缶廬詩・刻印》中自道：「我性疏闊類野鶴，不受束縛雕鐫中」〔註184〕雖是借刻印而發，亦是自我評價。性疏闊類野鶴，不受束縛，這有莊子哲學（逍遙遊）追求個人精神境界的自由，崇尚道家自然的審美思想。友人金俯將（傑）贈一古缶，樸陋可喜，遂以缶名其廬。這是其居取名《缶廬》的由來。施旭臣（浴升）〈蕪園記〉一文云：「吳子蒼石，今之淳樸士也。其為人不事修飾，而中情純一。」〔註185〕由此可知吳昌碩不是斤斤計較，亦不受牢籠束縛的人。他愛梅、愛石，象徵自我心靈境界的清逸與堅貞。

　　古之論書者兼論其平生，知人論世，了解生平、遊歷、學藝歷程，才能認識風格創造由來，與作品藝術特點。蓋影響一個藝術家成功與否的決定因素，不外乎成長環境、學藝歷程、個性修養與師友的協助。

二、學書歷程

　　吳昌碩少年時受其父薰陶，即喜作書、刻印。除家學淵源外，有關吳昌碩的學習，劉江說：「二十二歲在縣學潘芝畦老師迫促下，參加縣裏考試，中了秀才。但對八股文與仕途沒興趣。次年從鄉賢先輩施旭臣學習詩和書法，後又兼學篆刻，精究小學與金石學。」〔註186〕他的學書歷程，《民國書法》一書記載：

> 曾從俞樾、楊峴習辭章、訓詁、書法。書法著力於《石鼓文》，參以草法，凝鍊遒勁，氣度恢弘，自出新意，楷書取法顏真卿、鍾繇；隸書學《祀三公山碑》、《曹全》諸漢碑；行書學王鐸、黃道周；晚年以篆隸筆法作行草，蒼勁雄渾，對近世書壇影響巨大。〔註187〕

此為吳昌碩學書大要，然一位大師所學當不只這幾種而已。他的楷書，始學顏魯公，繼學鍾元常。吳氏自稱學鍾太傅三十年，入門即正，於初學非常重要。再者有俞樾、楊峴這樣的學者、名家指導，步入正軌，邁向成功是遲早之事。

〔註184〕茅子良編《申生・吳昌碩流派印風》（重慶出版社，1999年12月1版），頁1。
〔註185〕劉江〈吳昌碩書法評傳〉，頁2。施旭臣，安吉人。光緒舉人，吳昌碩22歲中秀才，23歲向施旭臣學詩、書法、篆刻、小學、金石之學。
〔註186〕劉江《中國書法全集・77・吳昌碩書法評傳》，頁2。
〔註187〕王朝賓《民國書法・尚勢出新的民國書法》（河南：美術出版社，1989年6月1版），頁6。

隸書主要是學漢碑，劉江《吳昌碩書法評傳》云：

> 吳昌碩學隸書，時日較長。曾臨習漢碑，同時也受當時名家墨跡浸
> 染，如楊峴、鄧石如、吳讓之等家筆法。而主要的是大量臨寫漢碑
> 拓本。經常用心臨摹的有《漢祀三公山碑》、《嵩山太室》、《裴岑碑》、
> 《張遷碑》、《石門頌》等而平時溜覽、研讀的更多，舉凡《曹全碑》、
> 《三老碑》、《大吉買山刻石》、《西狹頌》、《武梁祠》諸多題名刻石、
> 秦磚漢瓦等。在題《何子貞太史書冊》詩中曾說：「曾讀百漢碑，曾
> 抱十石鼓。」〔註188〕

由此可知，吳昌碩所學漢碑甚為廣博。不薄今人，更愛古人，學楊峴、鄧石
如、吳讓之、趙之謙，甚至秦磚、漢瓦，可見臨習之多。而其隸書主要以《漢
祀三公山碑》為主，傳世作品，世不多見。篆書一生臨習石鼓文，初得石鼓
文精拓約於一八八六年，是好友潘瘦羊送他的，吳昌碩如獲至寶，曾作詩以
記之，並以汲乾古井的精神臨習。〔註189〕用筆之法初受楊峴、鄧石如、吳
讓之、趙之謙等人影響，以後在臨寫《石鼓》中融會變通。吳昌碩曾云：

> 曾讀百漢碑，曾抱十石鼓；縱入今人眼，輸卻萬萬古。不能自解何肺
> 腑，安得子云「參也魯」，強抱篆隸作狂草，素師蕉葉臨無稿。〔註190〕

曾讀百漢碑，曾抱十石鼓；強抱篆隸作狂草，這幾句話，概括了吳昌碩書法的
特點。吳昌碩書法以寫《石鼓文》得名天下。在篆書的學習方面，劉江說：

> 在篆書方面，近人他吸取有楊沂孫、吳讓之等筆法，後來他上溯吸
> 取商周青銅器銘文，端莊渾厚的古樸氣息，同時也吸取秦漢石刻中
> 豪邁蕭散的恢弘氣度。〔註191〕

他寫《石鼓文》，五十歲以前，嚴守古貌，六十以後逐漸變化，趨於成熟，
自成面目。所謂曾抱十石鼓，是對石鼓文高度認同，說明好古嗜雅的審美情
趣。在大篆中，鐘鼎金文與石鼓文相比，具有從金到石、從廊廟到民間的樸
拙風采。強抱篆隸作狂草，說明吳昌碩書法以篆隸為宗，喜歡樸拙雄渾一路，
崇尚質樸的特色。以篆籀氣入草書，則亦草亦篆亦隸，是一種融合貫通且變
化的創作方式。狂草融入篆隸筆意，自是高古雄渾風格。

〔註188〕劉江《中國書法全集・77 吳昌碩書法評傳》，頁5。
〔註189〕劉江《中國書法全集77・吳昌碩書法評傳》，頁7。
〔註190〕吳昌碩跋〈何子貞太史書冊詩〉收錄於《中國書法全集・77》頁301。
〔註191〕劉江〈吳昌碩書法評傳〉收錄於《中國書法全集・77》，頁12。

三、藝術思想主張

1. 自出胸臆、主體精神至上

吳昌碩藝術成就主要來源於他的藝術修養和思想，具體主張表現在《缶廬詩集・篆刻》云：

> 今人但侈模古昔，古者以上誰所宗？詩文書畫有真意，貴能深造求
> 其通。〔註192〕

今人但侈模古昔，古者以上誰所宗？此語筆者深有同感，譬如學詩，詩經的作者並沒有什麼詩可學，所以作詩學宋、學唐、學晉都是末流，生活才是詩的源頭。吳昌碩不自覺的實現現代藝術所主張的「主體至上」的精神。他強調真意，其實即是主體精神在作品中的外化。有用心生活，就具有主體性。藝術貴自我創造，主張古人為賓我為主，惟仍須對傳統有深厚的修養。貴能深造求其通，「通」的境界是主體在尊重客體之後，所達到的自由境界。在〈葡萄題畫詩〉中云：

> 畫當出己意，摹仿墮垢塵。即使能似之，已落古人後。不知何者為
> 正變，自我作古空群雄。〔註193〕

畫當出己意、不知何者為正變、自我作古空群雄，正是這種觀念，使吳昌碩成為一代宗師。自我作古，不是一般的作古而是要「空群雄」，亦即要超越一切古人。吳昌碩學古人而能自出胸臆，主要得力於書法，尤其是篆書石鼓文，學石鼓數十年，六十以前較似原帖，約六十歲後漸有自家面目，六十五歲臨《石鼓》自云：「一日有一日之境界」。〔註194〕七、八十歲以後，恣肆老辣、隨心所欲。他又將書法中之筆法、字法、章法等通過刀法移用到印章上，因此印章亦具有書畫的挺拔蒼勁、古拙渾厚、氣勢雄強，靈巧生動的特點。

他的作品具有濃厚的「性格特點」，八十三歲春節書寫字屏：「元日書紅，筆虎詩龍；八十三翁，生甲辰雄；氣鼓神通，佛在其中。」〔註195〕心即是佛，佛在我在。有我在即有我的面目精神和風格在。吳昌碩有「自心是佛」的頓悟，個體本性與宇宙本性圓融一體即無差別境界，從而獲得瞬間永恆的直覺感受。

〔註192〕劉江〈吳昌碩詩論選註・刻印〉收錄於《中國書法全集・77》，頁296。

〔註193〕劉江〈吳昌碩書法評傳〉收錄於《中國書法全集・77》，頁18。

〔註194〕沙孟海先生在《吳昌碩先生的書法》中談到：先生六十五歲自記《石鼓》臨本，曾有如下一段話：「余學篆好臨《石鼓》，數十載從事於此，一日有一日之境界。」

〔註195〕茅子良編《吳昌碩流派印風・申生・真氣彌滿・神采華章》，頁6。

2. 讀書養氣　旅遊沉思

　　吳昌碩在〈勖仲雄詩〉云：「讀書最上乘，養氣亦有以；氣充可意造，學力久相倚。」〔註196〕此可視為吳昌碩的論氣詩。包世臣云：

> 氣滿左右牝牡自無不相得者矣。……學書如學拳，使之內氣通而外
> 勁出。……道蘇須汰爛漫，由董宜避凋疏。氣滿可除二弊。〔註197〕

氣滿可除蘇（東坡）、董（其昌）爛漫、凋疏之弊，氣滿則畫瘦行寬而不凋疏，氣滿則結法率易，格致散亂而不爛漫。氣滿由於中實，中實由於指勁。氣充可意造，吳昌碩認為讀書、養氣、旅遊、沉思是提升藝術境界的方法。他詩書為伴，終身未見懈怠，得詩書之助，其書畫、篆刻深具生命內涵。劉江說：

> 吳昌碩的書法藝術，極重氣局、活勢、蓬勃的生命意識。以「精神
> 躍於紙上者為上乘」，這說明他追求藝術的真諦，是生命、是精神力
> 量的表現。因此其作品有一股磅礡的氣勢衝面而出，給人以強烈震
> 撼的力量。〔註198〕

養氣得之於書本、山川，其《缶廬集》有詩五百餘首，其中古、近體皆備，風格雄渾豪邁，書法風格與詩、畫、印相互通融，有密切關係。

3. 且從篆籀掃　一吐豪氣

　　吳昌碩個人風格創立的主要方式，即「且從篆籀掃」。他在《刻印》的一首長古詩篇中寫道：

> 贗古之病不可藥……捐除喜怒去芥蒂，逸氣勃勃生襟胸。時作古篆
> 寄遐想，雄渾秀整羞彌縫。〔註199〕

吳昌碩臨《石鼓》、《散氏盤》意不在形似，追求古拙，自記：「愧少鬱勃之氣。」〔註200〕從這題跋可知吳昌碩的藝術追求是要表現胸中的鬱勃之氣。而從篆籀中找到吐豪氣的方法，即是強抱篆隸作狂草，且從篆籀掃，以實現渾厚古拙，一吐豪氣。

四、作品分析

　　吳昌碩書法以篆書成就最高。篆書宗《石鼓文》，參以秦權量、《琅琊台刻

〔註196〕茅子良編《吳昌碩流派印風·中生·真氣彌滿·神采華章》，頁6。
〔註197〕黃簡《歷代書法論文選·包世臣答熙載九問》，頁662～666。
〔註198〕劉江《中國書法全集·77吳昌碩書法評傳》，頁20。
〔註199〕韓天衡《歷代印學論文選·吳昌碩·刻印》，頁895。
〔註200〕沙孟海〈吳昌碩先生的書法〉收錄於《沙孟海論書文集》，頁620。

石〉、《泰山刻石》等體勢和、《毛公鼎》等金文。一生致力石鼓文數十年，唐拓本《石鼓文》粗細均等，起收裹藏，起筆、行筆、收筆呆板而無變化，而阮元《天一閣本石鼓文》則有了較大較多的粗細變化。吳昌碩正是通過對《阮元本》的臨習得到了從別的碑帖中所得不到的東西，也就是說，吳昌碩篆書變幻莫測的線條或多或少得益于《阮元本石鼓文》。

吳昌碩作品將之分為三期，根據沙孟海之說法，早中晚期各有意態，各有體勢，與時推遷。早期中年以後，結法漸離原刻。中期六十左右確立自我面目，晚期七、八十歲更恣肆爛漫，獨步一時。〔註201〕

（一）早期篆書作品

早期為中年到六十歲以前，此期風格尚未確立，其作品留存尚多，五十六歲刻「一月安東令」掛官求去後，專心致力藝術，我們從早期三十五歲開始到五十九歲，從中觀察其篆書風格演進的過程，茲依不同年代各選一件作品，按年代先後排列以觀察風格發展情形。

1.《司馬䣍櫟篆書聯》分析

此作落款光緒四年，吳昌碩35歲作品，存世作品中較早者，早年學篆刻，自然要學篆，其篆書直接取法歷代金石文字。鐘鼎彝器、漢磚、瓦當。此作用筆凝鍊、結體古樸，線條略帶甲骨文意味，因長期篆刻，也有刀味、落款有碑意。文字與內容融合，整體章法諧調。

2.《為健亭集石鼓文聯》分析

此作落款光緒十年，吳昌碩41歲作品，其好友潘瘦羊送他天一閣之《石鼓文》拓本，喜不自勝，從此心摹手追，此《石鼓文》對聯即此時作品，屬於早期作品。

尚未具個人風格，然不失為古樸典雅之作。

3.《為思隱軒主人篆書聯》分析

此作落款光緒二十六年，57歲作品。落款兩行評價張惠言（1761～1802）皋文先生的篆書能虛實兼到，而繼之者有讓翁（吳熙載）、邵亭（莫友芝）、濠叟（楊沂孫）三人。張皋文蘇州人，善經文、詩詞，工篆書，初學李陽冰，後學漢碑與石鼓文。吳昌碩早年離開家鄉後就住在蘇州，從此或可窺知吳昌碩學篆路徑。從題跋可知此時期，吳學石鼓文受張惠言、吳熙載、莫友芝、

〔註201〕沙孟海〈吳昌碩先生的書法〉收錄於《沙孟海論書文集》，頁620。

楊沂孫等影響。而張惠言篆書學自鄧石如。

圖 5-6-1　《司馬郤奰篆書聯》　　圖 5-6-2　《為健亭集石鼓文聯》

取自《中國書法全集 77・吳昌碩》　　取自《中國書法全集 77・吳昌碩》
頁 27。杭州：西冷印社藏。　　　　頁 42。常熟博物館藏。

圖 5-6-3　《為思隱軒主人篆書》

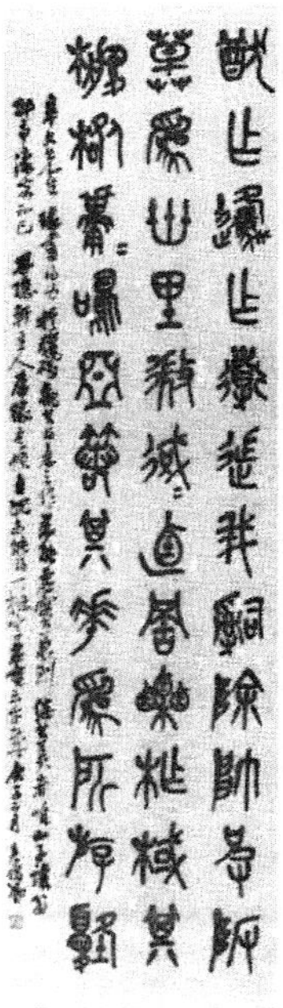

取自《中國書法全集 77・吳昌碩》頁 93。
揚州博物館藏。尺幅：130cm×38cm。

吳昌碩六十歲以前作品。

以上三件，為三十、四十、五十多歲作品，吳昌碩寫石鼓文，五十歲以前嚴守古貌，四十、五十所臨，循守繩墨，點畫必肖，個人風格尚未建立。主要是臨摹《石鼓文》，再運用或寫成對聯或軸。

（二）中期篆書作品

中期為六十以後，七十以前。吳昌碩多年寢饋於《石鼓》，但不以模仿形似為滿足，竭力蒐集宋明各代的精緻拓本，朝夕反覆觀摩，深入領會，再參以《秦權量》、《琅琊台刻石》、《泰山刻石》和李斯《嶧山碑》等體勢筆意，因此他的《石鼓文》寫的凝鍊遒勁，貌拙氣醇。

圖 5-6-4　《贈澹如臨石鼓文軸》　　　　圖 5-6-5　《臨石鼓文字軸》

取《自中國書法全集·77 吳昌碩》，　　取自《書道全集·第十四卷清 2》
頁 107。尺幅：153.9cm×39.5cm。　　尺幅：131.6cm×43.9cm。

1. 贈《澹如臨石鼓文軸》分析

吳昌碩此作落款己酉六月（1909），宣統元年，吳昌碩時為六十六歲，

贈《澹如臨石鼓文軸》，澹如為其日本友人。此作結體高聳其右，章法參差錯落，與《石鼓文》原本面貌不同，已確立自己風格面目。

2. 臨《石鼓文軸》分析

吳昌碩所臨《石鼓文軸》，此作落款壬子春仲（1912）即民國元年，吳昌碩時年 68 歲，吳昌碩以石鼓文為獨特的據點，開創書法的新境界。此作用筆熟練，章法茂密，筆畫間架較中規中矩，虛實安排較均勻。風格端莊凝重而又飄逸，把《石鼓文》寫的古樸生動，骨力雋健，極有個性色彩。

（三）晚期篆書作品

吳昌碩七十以後為晚期作品，七十歲到八十四歲去世，是吳昌碩書法藝術高峰期，此為風格精熟穩定作品。其境界沙孟海說：「正如懷素《論書帖》所云：『今所為其顛逸，全勝往年，所顛形詭異，不知從何而來，常不自知耳。』」〔註202〕明白此道理，方能欣賞其晚年篆書的高妙。

1.《為達三集石鼓文聯》分析

吳昌碩此作落款壬戌花朝（1922）民國十一年，《為達三集石鼓文聯》，七十九歲作品。達三為誰？今不詳，花朝為農曆二月十五日是百花生日，此作用筆沉厚雄健，結體嚴謹，左低右高，章法一氣呵成，甚為連貫統一。

2.《淵深樹古五言聯》分析

吳昌碩《淵深樹古五言聯》八十一歲作，此時期寫篆，展現不囿於篆書結構的獨特書風，顯現晚年篆書的造詣。此作重點不在追求點畫結構，而是自書胸臆，用筆縱橫奇崛，又不失尺寸，有獨特的新意。結體較一般小篆，上部更緊束，下部更疏散，用筆端正渾厚，力能扛鼎。章法上，上密下疏，墨色濃重飽滿，造成內密外鬆，黑白對比鮮明的效果。風格遒勁凝鍊、貌拙奇古。

3. 臨《石鼓文四條屏之一》分析

吳昌碩晚年 84 歲臨《石鼓文四條屏之一》，為最晚年作品。內容自云臨石鼓文字，可見其終身臨石鼓不曾間斷，吳昌碩晚年臨石鼓意不在形似，臨氣不臨形，追求鬱勃之氣。晚年作品風格縱橫奇肆，率性自然。

〔註202〕沙孟海〈吳昌碩的書法〉收錄於《沙孟海論書文集》，頁 620。

圖 5-6-6　《為達三集石鼓文聯》　　　圖 5-6-7　《淵深樹古五言聯》

取《自中國書法全集‧77 吳昌碩》，頁 170。　　取自《書藝珍品賞析》上海朵雲
浙江博物館藏。尺幅：150cm×39.5cm。　　軒藏。尺幅：155cm×30cm。

圖 5-6-8　《臨石鼓四屏之一》

取自《二十世紀書法經典‧吳昌碩》，頁 33。未註明尺寸。

吳昌碩七十、八十多歲作品。

（四）臨金文作品

吳昌碩的大篆金文，主要的取法是《散氏盤》、《毛公鼎》，晚年風格恣肆老辣、雄渾古樸，已致隨心所欲的境界。結字左低又高，具備險中見奇之勢。

吳昌碩石鼓文所以寫的好，除在結體與章法形式上有所變化外，有一特殊的秘訣，就是用金文的筆法寫《石鼓文》。六十六歲以後用筆縱肆，寫金文和石鼓文筆法相似，展現鬱勃之氣。

1.《臨庚罷卣銘作品》分析

此作未署年月，據《書道全集·十四卷清2》一書，推論為1912年作，按此則為68歲所作。《庚罷卣銘》推定為西周康王時代遺物，吳昌碩此《臨庚罷卣銘作品》不是忠實的臨摹，直是隨心所欲而書，自我作古空群雄，風格恣肆老辣。吳氏以隸法作篆，以鄧石如筆法寫金文，破除原來線條粗細一致的特點，收筆有回鋒、露鋒的變化。用羊毫中鋒，用墨極濃，線條顯得雄厚蒼勁。字形拉長或左低右高，或左高右低，變橫為縱，自成一派。筆畫連接處，有實接，有虛接，運筆輕鬆中見靈動。

2.《為葉舟篆書聯》分析

此《為葉舟篆書聯》落款癸卯（1903），光緒二十九年，吳昌碩時為六十歲，葉舟即葉為銘（1867～1948）著有《廣印人篆》，常與吳昌碩切磋金石藝術。此集《散氏盤對聯》用筆樸拙，金文氣息甚濃，蒼勁老辣，古拙郁勃，筆墨舒展，大氣恢弘，枯濕自然，章法緊湊，妙趣橫生。吳昌碩寫石鼓文六十以後逐漸變化，當與臨《散氏盤》有關，寓嫵媚於奇絕之中，圓熟精悍，剛柔相濟，自成面目。

3.《贈凌霄先生聯》分析

吳昌碩七十九歲作《散氏盤對聯》，《散氏盤》是西周晚期楚派金文代表作。書風雄放、渾厚。此聯採遺貌取神方式，把握雄放、渾厚特點，筆墨舒展，大氣恢弘，濕枯自然，妙趣橫生。豎筆顫動，不失遒挺。上下款緊貼聯文，章法緊湊，大氣不洩。結字體現《散氏盤》，寧散不整的特點。佈置錯落，有雷霆萬鈞之勢，展現大氣磅礡的氣概，是金文進入成熟期代表作。

4.《贈子雲作品》分析

此作未署年月，子雲即趙雲壑，是吳昌碩大弟子。此作應為吳昌碩較晚年贈送趙雲壑的作品。以石鼓文筆意寫散氏盤字集聯，線條渾厚含蓄，結字破平衡而追險態，章法全幅諧調統一，風格縱肆沉雄。款下有「人書俱老」一印，

應為吳昌碩晚年得意之作。

圖 5-6-9 《臨庚罷卣銘作品》　　　圖 5-6-10 《贈葉舟先生聯》

取自《書道全集・第十四卷清 2》
尺幅：133cm×43.9cm。

取《自中國書法全集・77 吳昌碩》，
頁 101。杭州：西冷印社藏。

圖 5-6-11 《贈凌霄先生聯》　　　圖 5-6-12 《贈子雲集散氏盤聯》

取自《中國書法鑑賞大辭典》，
頁 1310。

取自《中國書法全集・77 吳昌碩》，
頁 223。尺幅：134cm×33cm×2。

（五）隸書作品分析

吳昌碩學習隸書，為時甚早，浙江省博物館藏早期隸書 34 歲作《朱子家訓》，其子吳東邁題跋云：「家大人手書朱子家訓，當時用筆竭意在曹全、衡方之間，嗣後所撫獵碣文字即由立法謹嚴而參以奔放也。」〔註203〕《朱子家訓》結體扁平匀稱，章法行密字滿，可見早期隸書是扁平方正的典型。吳昌碩隸書主要臨習漢碑，筆法受楊峴（見山）、鄧石如、吳讓之影響。主要是大量臨寫漢隸拓本。吳昌碩的隸書遍臨《漢祀三公山碑》、《張遷碑》、《嵩山石刻》、《石門頌》等漢碑。後改變隸書橫式為縱長體勢，隸書愛寫雄厚樸拙一路，其隸書留存作品較少，茲選擇較具代表性者分析說明。

1.《隸書對聯》分析

吳昌碩 35 歲作，振甫為其妻弟，此為青壯年時所作。錢君匋說：「形是隸書，筆劃間卻有篆書意味，工穩而不凝滯，曲折垂縮，心氣和平。在字的造型上，化扁為長，把《褒斜》、《裴岑》、《大三公山》、《太室石闕》等古碑法筆法治為一爐，隨意取捨，自具面目，境界超脫。」〔註204〕筆者覺得錢君匋「自具面目，境界超脫。」對吳氏早期隸書評價過高，筆者認為此作《為振甫隸書聯》，結體尚有《張遷碑》的痕跡，用筆略參篆書筆意，風格還處在模仿其師俞樾隸書，結體方正，橫平豎直階段，尚未形成他自己明顯個人風貌。

2. 臨《張遷碑》分析

吳氏三十五歲時曾寫一幅隸書，是張遷碑的風格，用筆拘謹，結體方正。吳昌碩稱《張遷碑》奇肆可喜。此為七十一歲所節臨《張遷碑》，結體已稍變長，取縱勢，章法佈局，打破隸書常規，字距不等，一氣呵成，參差而又諧調自然，具生澀稚拙的趣味。

3. 節臨《祀三公山碑》分析

此碑為東漢元初四年常山相馮巡所立。吳昌碩的隸書，取法此碑筆意、形態，得其樸茂之氣。此為其七十一歲作。此碑字體介於篆隸之間，趙之謙云：「篆、分合法，本《祀三公山碑》。癸亥十一月，悲庵。」〔註205〕此碑

〔註203〕〈從吳昌碩《朱子家訓》觀照吳氏早期生平及隸書風貌一文〉。www.360doc.com/.../854809_186034486.sht（2012/08/15）

〔註204〕錢君匋〈略論吳昌碩〉一文。

〔註205〕韓天衡《歷代印學論文選》，頁 758。

字體在篆隸之間，藝術價值甚高，趙說明此碑特色在篆分合法，此碑字體亦稱「繆篆」，清方朔跋此碑云：

> 乍閱之有似《石鼓文》，有似《泰山》，然結構有圓有方，有長形下垂，亦有斜直偏拂；細閱之下隸也，非篆也。亦非徒篆也，乃由篆而趨於隸之漸也。僅能作隸者，不能為此書也；僅能作篆也，亦不能為此書也；必兩體兼通，乃能一家獨擅。〔註206〕

由方朔跋可知此碑須篆隸兩體兼通，乃能一家獨擅。楊守敬《平碑記》云：「非篆非隸，兼兩體而為之。至其純古遒厚，更不待言，鄧完白篆書多從此出。」〔註207〕楊守敬道出鄧完白篆書多從此出。吳昌碩早期於此碑用力致深，關注其中篆隸的變化，得其樸茂之氣。此作用筆溫潤，結體高古，方中寓圓，穩中藏險，意在篆隸之間，篆意多於隸意，圓轉之筆隨處可見。吳昌碩自謂：苦鐵畫氣不化形。給人真氣磅薄，有排山到海之勢。

圖 5-6-13　《為振甫隸書聯》　　　　圖 5-6-14　《臨張遷碑》71 歲作

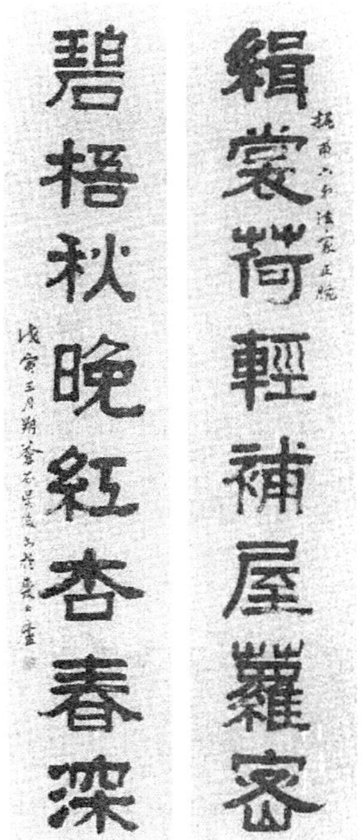

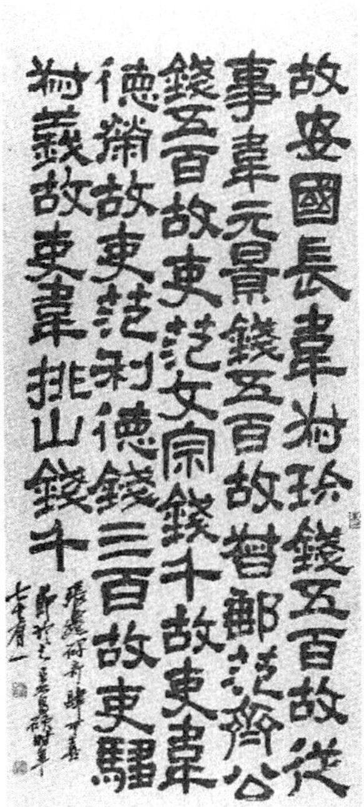

取自《中國書法全集·77 吳昌碩》，
杭州：西泠印社藏。

取自《中國書法全集·77 吳昌碩》，
北京：榮寶齋出版社藏。

〔註206〕方朔《枕經堂金石跋》（學海出版社，1977 年 4 月出版），頁 111。
〔註207〕《中國書法全集·77·吳昌碩作品考釋》，頁 261。

圖 5-6-15 《臨祀三公山》71 歲作

《中國書法全集·77 吳昌碩》，北京：榮寶齋
出版社藏。尺幅：122.5cm×54cm。

4. 集《上尊號奏銘四言聯》分析

吳昌碩七十七歲作，為晚年所書隸書，結體不似一般漢碑橫扁，而是縱長，體在篆隸之間，用筆多篆意，落款字集《奏銘》，筆參石闕。《奏銘》指《上尊號奏銘》，石闕指《嵩山少室神道石闕銘》。《石闕》體在篆隸之間。劉正成稱此作得《奏銘》、《石闕》精髓。〔註 208〕這幅「奉爵稱壽，雅歌吹笙」，用筆雄渾、飽滿，結體縱長，風格雄厚茂密。從一些線條看，具有篆書的線質，可以說這時吳昌碩早已將篆、隸溶為一體了，形成了自己的獨特的隸書面目。

5.《集曹全碑陰字聯》分析

《集曹全碑陰字聯》吳昌碩八十歲作，姜一涵說：「此雖集曹全碑字，卻

〔註208〕《中國書法全集·77·吳昌碩作品考釋》，頁 273。

比原拓更渾淪雄強，實乃創格。」〔註209〕此作雖只八字，縱橫馳騁，筆力扛鼎，用筆不囿於《曹全碑》，更像《石鼓》，是作線條老辣，結體縱長，是其隸書一貫作法，墨韻墨色，淋漓盡致，風格蒼勁奇肆。充分顯示以篆籀寫隸的過人功力。此為吳昌碩隸書風格特徵以氣勝之最佳注腳。

6.《贈雅初隸書聯》分析

《贈雅初隸書聯》，吳昌碩八十四歲作，是最晚年隸書作品，使轉隨心，化篆入隸，氣勢恢弘，線條老辣，結構上縱長有如篆書體勢，筆法亦如篆書用圓筆。與其他隸書比較，更率真自然，似不經意而意深，不求法而法備，意氣橫溢，蒼勁鬱律，以篆法信手寫來，別具特色。

圖 5-6-16　《集上尊號奏銘四言聯》　　圖 5-6-17　《集曹全碑陰四言聯》

《中國書法全集・77 吳昌碩》，頁 164　　取自《吳昌碩》(石頭出版社)，頁 15，
浙江博物館藏。　　　　　　　　　　　　杭州：西冷印社藏。

〔註209〕姜一涵《書道美學隨緣談二》（台北：蕙風堂筆墨有限公司，2001 年 4 月初版），頁 99。

圖 5-6-18 《贈雅初隸書聯》

《中國書法全集・77 吳昌碩》，頁 195，
杭州：西泠印社藏。

五、風格特色評價

（一）篆書風格特色

吳昌碩篆書經作品分析後，歸納其風格特色如下：

1 用筆

吳昌碩的用筆特點是筆與墨的融合。用筆圓渾豪放、圓勁中寓有方折。將行草書和繪畫中的用筆用墨，篆刻中的蒼茫古趣融入，形成筆中有墨，墨中有筆，筆墨相滲、千變萬化，氣息蒼勁高古的金石氣特點。不論橫直，都給人有扛鼎之力的氣勢，一筆之中常存方圓之變化。

2 用墨

起筆逆鋒落筆而顯得圓涇粗重，中段行筆勁健圓潤，末段行筆略快墨色較少，而得枯筆或飛白。在一筆之中顯現濃、濕、潤、枯、焦的墨分五色效果。用筆的速度，提按的力度，與墨色相溶，形成具筋骨血肉，渾樸雄肆的特色。

3 結字

晚年結字，不同於原榻石鼓結構的均衡平整。（1）多取斜勢。凡有左右

偏旁，或左右中結體，或左右有兩豎的結構，多寫成左低右高之形。（2）有束有放。原拓多呈筆畫平均勻整，吳昌碩則寫成上束下疏或上重下輕、上密下疏、上束下放。字形比原拓偏長，增加疏密對比的氣勢。（3）剛柔相參。以圓筆中鋒為主，一字之中見剛柔對比。如左圓右方，或上方下圓。這種險奇的結字，構成氣勢的特點。結體總的特點是：端莊樸拙，左右略為參差。舒朗開闊，氣度宏偉。

4 章法

吳昌碩章法是從整體效果去考慮，興之所至，隨體布勢，字形大小、長短、寬窄不一，全篇看頗有「大珠小珠落玉盤」的妙趣。形成全篇有疏密、收放，蕭散跌宕自然之趣，勢韻天成。且題款後更增氣勢，與正文形成強烈對比，成為一整體，不可分割。

吳昌碩篆書章法上最大的特色是在突破常規，早期 59 歲以前寫的篆書，大抵按李斯《泰山刻石》、李陽冰《城隍廟碑》之章法，結體平正，型體成長方形，筆劃粗細、間距相等，上密下疏，左右對稱。

總之，吳昌碩六十五歲以後寫《石鼓文》，一幅有一幅的境界，是讓人感覺熟中有生，而不是千篇一律，這是由於他不斷探索、研究、創新精神使然。吳昌碩將行草書左緊右疏，左低又高，字形略成斜勢之法引入篆書，使左右兩邊略為參差不對稱。用筆特點是筆與墨的結合，結構寫的犬牙交錯，尤其左右合體的字更為明顯，起筆線條用頓筆，此即用筆、用墨、結體、章法之新變。

（二）篆書風格評價

吳昌碩在書法方面，以篆書獨步於書壇，早年學過鄧石如、楊沂孫，後學《石鼓文》，終於形成了自己的風格。用筆圓熟精悍，剛柔相濟，達到熟中有生的境界。氣勢蒼雄凝煉遒勁，貌拙氣酣，結體左低右高，參差取勢。又以草法為之，敦厚樸拙，氣勢磅礴，開創了書法大寫意的藝術風格。篆書是吳昌碩名世絕品。潘天壽評說：

> 昌碩先生詩、書、畫、印無所不長，他的作品有強烈的特殊風格，
>
> 自成體系，書法尤工大篆，以石鼓文成就最高。〔註210〕

潘天壽讚美詩、書、畫、印有強烈的特殊風格，以石鼓成就最高。吳昌碩六

〔註210〕劉江〈吳昌碩研究〉收錄於《近現代書法史》（天津：古籍出版社，1998 年 10 月 1 版），頁 177。

十五歲臨《石鼓文》時自題說：「予學篆好臨石鼓，數十載從事於此，一日有一日之境界。」〔註211〕正是飲水冷暖自知，道出學石鼓文的個中甘苦和有所成的驚喜滋味。其寫石鼓文是臨氣不臨形，七十歲以後，是吳昌碩石鼓書風成熟之時。吳昌碩浸淫《石鼓》數十年，其用筆已熟諳到隨心所欲的地步。吳昌碩石鼓文，筆法沉厚渾樸，筆力雄健，線條粗細富於變化。作為臨書既師其意，又得其形，獨具自家風骨。近人向燊評其書云：

> 昌碩以鄧法寫石鼓文，變橫為縱，自成一派。他所書亦有奇氣，然不逮其篆書之工。〔註212〕

吳昌碩是歷代書家寫《石鼓文》最有特色者。首先破《石鼓文》之方正，把字寫長，如同小篆。其次結體以左右參差取勢。用筆遒勁開張，圓勁中寓方折，有濃厚的金石氣。在章法上採縱有行，橫無列的方法，把每個字寫的大小不一，行距字距都較緊湊，向字內空間滲透。在反覆臨摹中，貫注一種強大表現力，擺脫篆書中固有的幾何型圖案。沙孟海說：

> 寢饋於《石鼓》數十年，早、中、晚各有意態，各有體勢，與時推遷。大約中年以後結法漸離原刻，六十左右確立自我面目，七、八十歲更恣肆爛漫，獨步一時。世人或詆毀先生寫《石鼓》不似《石鼓》，由形貌看來，確有不相似處。豈知先生功夫到家，遺貌取神，用他自己的話說，他是「臨氣不臨形」的。〔註213〕

沙孟海肯定六十以後確立面目，七十以後恣肆爛漫，遺貌取神，臨氣不臨形。

儘管吳昌碩臨《石鼓文》成就如此卓越，但世上沒有一種書法風格，能讓所有人都滿意。吳昌碩臨《石鼓文》大抵受批評的有二點，一則既是臨，卻左低又高，不合原迹，對比楚金文，有違秦籀文風格方正的歷史側重。二則臨書喜頭部重頓，形成頭粗尾細，寫的放肆雄強，不合原本靜穆的風格。關於這些批評，陳振濂說：

> 對一個大師來說：臨摹過程就是主動詮釋的過程。因此，準確的含意是不具有多少價值的。他臨習《石鼓文》是尋找風格轉換契機的一個過程。因此可說借《石鼓文》的形式軀殼，豐滿自己的血肉骨骼，這正是一種藉他人杯酒澆胸中塊壘。試想這樣用臨摹是否準

〔註211〕 吳昌碩六十五歲臨《石鼓文》題詞。
〔註212〕 馬宗霍《書林藻鑑・吳俊卿》，頁446。
〔註213〕 沙孟海《論書文集・吳昌碩的書法》，（上海書畫出版社，1997年6月1版），頁619。

　　確、線條結構是否吻合來衡量優劣，豈不是南轅北轍？

用此眼光來理解吳昌碩的臨書，則發現吳昌碩的成功，變的難以企及。而他的成功首先是思想觀念的進步。

　　對吳昌碩篆書持負面評價的尚有馬宗霍《霋嶽樓筆談》云：

　　　　缶廬寫石鼓，以其畫梅之法為之，縱挺橫張，略無含蓄，村氣滿紙，

　　　　篆法掃地盡矣。〔註214〕

村氣滿紙，自是貶意，一種藝術風格，固不能使人人都滿意，亦無須人人滿意。從接受美學角度是合理的，商承祚的《說篆》亦說：

　　　　吳俊卿以善書《石鼓》聞，變《石鼓》平正之體而高聳其右，點畫

　　　　脫漏，行筆驚礫，《石鼓》云乎哉！後學振其名，奉為圭臬，流毒匪

　　　　淺，可勝浩嘆！〔註215〕

從文字學觀點而言，點畫脫漏，固然不成字，從藝術審美觀點而言，有時為結構之美觀、為平衡字的重心，增減點畫是可以接受的，歐陽詢的《九成宮醴泉銘》，即有實例可印證。藝術所崇尚的是氣勢、精神境界，而吳昌碩所表現的正是氣概。

　　沙孟海評：吳先生極力避免「側媚取勢」，「捧心齲齒」的狀態，把三種鐘鼎、陶器文字的體勢，雜揉其間，所以比趙之謙高明的多。吳昌碩擅長攝取各種書體精髓融於他自己的書法中。以鄧法而結石鼓，故時出新意，其用筆凝鍊遒勁，氣息深厚，並善鐵筆，取法秦漢印璽，參以封泥、陶文一如書之高古。四十學詩、五十作畫，所作花卉竹石，以篆隸之筆運之，書畫交融。

（三）隸書風格特色

　　吳昌碩隸書作品分析後，歸納其特色如下：

1 筆法

　　吳昌碩用筆，多圓筆藏頭逆鋒，點畫厚重豐腴，不浮躁，筋骨遒勁，含蓄耐看。運筆輕重隨其自然，疾徐視墨色而定，墨飽則較疾，墨少則較徐。收筆處點畫常有飛白，筆斷而氣連，筆枯而韻生。筆法上的特點是四體書筆法互相參合，即篆隸中有草意，行草中有篆隸意。在篆隸逆入平出的筆法中，筆畫收尾、轉折、飛白處滲入筆意，故能平正圓厚而又靈動。

〔註214〕馬宗霍《書林藻鑑下‧吳俊卿》，頁446。

〔註215〕侯開嘉《中國書法史新探》（上海：上海古籍出版社，2009年8月2版），頁
　　　　311。

2 結體

吳昌碩曾讀百漢碑,又以篆書結體納入隸中,變橫為豎,易左右伸展為上下伸展,間架距離上緊下疏,上寬下束。字的形體有的成傘狀,有的壁立千仞,巍峨傲岸,氣度非凡,有萬壑千巖奔赴腕下氣象。

3 墨法

吳昌碩書法的墨法,多從畫法而來。用墨常筆酣墨飽,痛快淋漓,渾重樸茂,兼以枯渴,濃則潤妍,枯燥則取險,燥潤相間則風韻瀟灑,妍險並存,則奇趣橫生。

總之,吳昌碩曾讀百漢碑,曾抱十石鼓。所以他的隸書,非篆非隸,亦篆亦隸,僅能作隸者,不能為此書,僅能作篆者,亦不能為此書,必兩體兼通相融,乃能有此境界。風格雄強樸厚,結體縱長,以篆筆書之,是吳昌碩隸書風格成熟的三個特徵。吳昌碩的隸書在其書法中,不如篆書、行書,但晚年以篆筆入隸,體勢縱長,頗具特色。

(四)隸書風格評價

吳昌碩的隸書十分有特色,主要學〈開通褒斜〉、〈裴岑〉、〈太室石闕〉、〈大三公山〉、〈禪國山〉等碑石。其八十歲時的隸書作品以〈漢書、秦雲對聯〉為代表作。篆書的用筆,結體長形,其重、拙、大、雄的特色實可上溯兩漢而無愧。相對伊秉綬的沉著穩健,則吳昌碩顯得動態。與趙之謙的熟練妍美,吳昌碩則多了古拙老辣。

吳昌碩的書法,立足於篆隸,以石鼓文為基點,一切外在的形式,都是一種媒介而不是終極目標。以篆書成就最高,其隸書,其弟子沙孟海評價說:

> 隸書,愛寫雄厚拙樸一路,他人作隸結體多扁,先生偏喜長體,意境在《褒斜》、《裴岑》之間,有時參法《大三公山》、《太室石闕》為之,有時更帶《開母廟》、《禪國山》篆意,變幻無窮。件數雖少,境界特高。〔註216〕

沙孟海之評很有見地,吳昌碩的隸書結體長,帶有篆意,從評價中也可看出吳昌碩是如何的思考確立自家面目。從其隸書風格獨特而言,在隸書發展史上,吳昌碩毫無疑問應該列入一流隸書大家行列。

〔註216〕沙孟海《論書文集·吳昌碩的書法》,(上海:書畫出版社,1997年6月1版),頁619。

六、新變成就

　　吳昌碩追求的是古樸的審美意蘊，他的篆書參以石鼓、散盤，更鬱勃入古，真可謂力屈萬夫，韻高千古。

（一）專攻石鼓　得於畫化

　　吳昌碩一生專攻《石鼓文》旁及金文大篆，形成樸拙老辣，氣勢磅礴的風格。由於晚清對古文字學研究的成果，溯源書法的源頭，發現古樸之美，這一審美觀念影響近現代書壇。他的石鼓文超越前代，寫的左緊右舒、左低右高，犬牙交錯，古今所無。吳昌碩既是一位詩、書、畫、印四絕的大家，又具有高潔正派的操守，可謂「五絕蓋世」當之無愧，為聲震四海的一代宗師。提到吳昌碩對近代書法的貢獻，姜一涵說：

> 吳氏石鼓實得力於他的畫化，他把作畫的結構原理、畫中用筆的多
> 樣性，經過一次轉化而巧妙地運用到書法中，用來寫石鼓，這才是
> 吳氏對近代中國書藝最大的貢獻，也是他書藝價值之所在。〔註217〕

所謂「畫化」即書法受畫現代化的影響，書家藉用繪畫的理論和技巧來創造書法，是中國書法發展史上的一件大事。水墨趣味、章法、結構、造型，增加更多變化的可能性。

（二）得照相術之助　注入金文筆法

　　吳昌碩寫《石鼓》的成功，金學智說：「吳昌碩臨《石鼓》，更多地是上取金文的結體和章法美。」〔註218〕侯開嘉說：「吳昌碩是篆刻家，特別講究字型的造型能力，章法要有不平中的平，單靠從金文取法，還構不成寫《石鼓》的那種形式美。」〔註219〕金文的研究，宋代即有金石學，清代金石學亦甚發達，何以清初、中期沒有書家寫金文、大篆？侯開嘉認為金文字小難辨認，不利臨摹學習，而小篆如《泰山》、《琅琊》、《嶧山》等刻石，字大易於臨摹。直到晚清二十世紀初拜西洋照相術，攝影放大技術之賜，將《毛公鼎》字放大與《石鼓文》作比較，施之於印刷碑帖，大行於市。李瑞清說：

> 今震亞主人又以影放《毛公鼎》為大字，意欲比於《石鼓》，直勝《石
> 鼓》耳。《石鼓》何能及《毛公鼎》也！余嘗曰：求分於石，求篆於

〔註217〕姜一涵《書道美學隨緣談（二）・第八講》，頁105。
〔註218〕金學智〈吳昌碩與石鼓文〉刊於《西泠藝叢》（1984年7月第9期）。
〔註219〕侯開嘉《中國書法史新論》，頁308。

金。自來學篆書者，皆縛于石耳。〔註220〕

照相放大技術盛行，於書法碑帖學習是一大革新，李瑞清提出「求篆於金」的主張。認為得此技術之便，人人可與史籀進退於一堂，可與三代同風。

　　吳昌碩六十歲時，正是二十世紀初，時代環境改變，使學書法的物質條件大為改觀，金文大篆探索的成功，無疑是受時代環境影響。吳昌碩五十九歲所臨《石鼓文》，沙孟海說：「結體平正，運筆略似近人楊沂孫。」〔註221〕可見當時尚未自立面目，而六十歲所臨《散氏盤五字聯》則蒼勁老辣，金文用筆氣息甚濃，一改過去以小篆筆法寫大篆的作法。

（三）詩書畫印融會貫通

　　吳昌碩詩、書、畫、印渾然一體，又各有千秋，體現在作品中，形成氣勢磅礴、標新立異的獨特風格。對於吳昌碩的成功，因素甚多，除了天分與努力外，地緣和人緣亦甚為重要，姜一涵說：

> 過去藝術史家為藝術家立傳，常過分強調其天才與功力。……其實任何大人物的大成就，除了「天」與「功」之外，最重要的關鍵點是「地緣」和「人緣」。以吳昌碩為例，倘若他一生中，不曾遇上俞曲園、任伯年、任熊、虛谷、吳大澂、沈曾植這些藝文界的碩學奇才；如果他一生老寫在安吉鄉下，不曾到上海、杭州，就算他有再高的天才，再加倍的努力，頂多也只不過是中國藝術史上二、三流的角色。〔註222〕

姜一涵提出「地緣」與「人緣」為大人物、大成就的關鍵。說明人生的際遇很重要。他的成就，弟子王个簃曾有如此的概括：「人謂先生書過於畫，詩過於書，篆刻過於詩，德行尤過於篆刻，蓋有五絕也。」〔註223〕關於吳昌碩的詩、書、畫、印，洪亮說：

> 他出名最早的是篆刻，影響最大的是繪畫，而他在篆刻、繪畫上的最基本功夫乃來源於他的書法。他將篆書筆意融入篆刻，使其印作方寸天地，真氣彌漫，開一代之印風。他將篆書、行草筆法融入繪

〔註220〕李瑞清〈放大毛公鼎跋〉收於《明清書法論文選》，（上海書店出版社，1994年2月1版），頁1074。

〔註221〕沙孟海〈吳缶廬臨石鼓文冊跋〉收於沙孟海《論書文集》，頁438。

〔註222〕姜一涵《書道美學隨緣談（二）‧第八講》，頁95。

〔註223〕梅墨生《中國名畫家全集‧吳昌碩》，頁142。

畫，使其畫作渾厚古樸、大器磅礡，開一代之畫風。〔註224〕

吳昌碩詩、書、畫、印，均有極高的造詣，開創大寫意之風格。姜一涵說：

> 欣賞吳缶老的書當把它的詩、書、畫、印串連起來研究揣摩，才會
> 發現他原是左右逢源，與天地神明相通。他之所以自許「賦詩或可
> 天籟乘。」「天籟乘」就是與天地神明相通；也就是莊子所說的「與
> 天地精神相往來」。……果真能「與天地精神相往來」，便可通過「詩
> 性智慧」表現於詩，也可表現於書、畫、印。〔註225〕

能與「天地精神相往來」，則左右逢源，詩、書、畫、印融會貫通。四者之中
繪畫上的影響最大，但功夫最深的是書法，造詣最高的是篆刻，而詩文是他書
畫的思想源泉，並增強了書畫印藝的表現內力。吳昌碩的人品高於藝品，他以
勤奮而內斂、樸實而高尚的人格魅力為藝術奠定了深厚的基礎。

　　總之，吳昌碩詩書畫印相通、相融，以《石鼓文》為主，寫出古樸蒼茫
具有金石氣的線條，寫氣不寫形，崇高的人格修養，強烈的藝術個性，濃郁
的詩情畫意，鑄成個人鮮明的特色。他的書法無論何種形式，都給人一股磅
礡之氣，有強烈的震撼力量。看他的作品，使人覺得蓬勃的生命意識，躍然
紙上。

　　吳昌碩極重視讀書養氣，認為氣充可意造，有氣則有勢。文以氣為主，
書法亦然，書法作為一種抽象藝術，其形式不外點、線、形的組合，借形式
美來寄託感情、意境和思想。藝術講求要有個性，要有自己的獨特語言。他
勤臨《石鼓文》終於找到一吐胸中鬱勃之氣的方法，即且從篆籀掃。

　　吳昌碩的篆書，六十以前，個人風格尚不明顯，六十五以後一日有一日之
境界，七、八十以後恣肆爛漫，成就斐然。

〔註224〕洪亮〈吳昌碩先生的書法藝術〉收錄於《二十世紀書法經典・吳昌碩》，頁
　　　　112。
〔註225〕姜一涵《書道美學隨緣談（二）・第八講》，頁98。

第六章　結　論

　　書法藝術與時代環境關係密切，清初康、乾二帝推崇董、趙，對清前期書風有明顯的影響，此外科舉考試，以館閣體選拔人才，從書法藝術角度而言，個性的展現受到了限制。經濟方面，商業發展，大城市成為商業中心，促使書畫藝術發展，清代園林建築，表現天人合一的儒家、道家思想，園林建築中，匾額、對聯、中堂等書法形式作品，受到民間名人雅士的喜愛。山川名勝，也常留下文人墨客題詠的手筆，這是清代書法文化的一大特色。

　　清初是帖學盛行但碑學已開始肇興的時代。鄭簠、朱彝尊、金農等人首先把眼光投向漢隸，並取得了初步的成就。乾嘉時考據、金石學興起，阮元首倡碑學，提出了閣帖翻摹失真的問題。包世臣、康有為把碑學理論推向高峰，書風為之一變，清代書法的新變，首先體現在帖學的衰微與碑學的興起。

　　嘉慶、道光時期是帖學由盛而衰的關鍵，碑學入繼大統。嘉慶、道光時期歐陽詢、虞世南、褚遂良、顏真卿受到重視，可稱為唐碑期。咸豐、同治時期，學術已萌維新之機，又值大批北碑出土，其中魏碑「隸楷錯變、無體不備」，經阮元、包世臣、康有為等相繼倡導，臨摹北碑風氣大盛，可稱為北碑期。清朝書法發展大要，主要的是碑學、金石學興盛，其在書史的價值意義不僅使秦漢篆隸得到新生命，六朝碑刻也重新受到重視而發展，甚至上溯金文、甲骨文。晚清各體書融合的觀念，更締造無限寬廣的創新之路。

　　碑學興起，以隸書為前導，學古而講篆隸者，莫不研究金石之學。清代書家考古、訪碑活動直接涉及對古碑的研究，促成碑學的復興。書家、學者對書法史之源流進行全面的探究，加以出土文物日多，篆書亦由研究文字學的小篆，發展到研究古文、鐘鼎的大篆，書壇崇尚古質成為趨勢，追求古拙，

遂為清代書法審美的核心。

當我們觀察近百年書法發展的現象，有一個不爭的事實，即使是標榜帖學的書家，如白蕉、沈尹默、潘伯鷹、謝无量等人，也無不接受碑學的薰陶，吸收篆隸的滋養。劉熙載將書分動靜兩類，篆、分、正皆詳而靜者，行、草皆簡而動者。靜為動之基。若篆隸基礎不固，則行草亦難有成就，其理甚易明也。這說明學書溯源篆、隸、北碑的重要，而這正是清代書學對書壇的貢獻與影響。吳熙載與〈魏錫曾手札〉云：

> 自必以篆分為骨氣，篆則毫聚，分則毫鋪，皆見北碑，南朝亦共守此法，惟韻不同，武德（李淵）以前尚合，下此則日漓，包鄧出而復合，此我朝書品當遠邁前脩，……若徒事皮相，不窺本源，則不遁入歧途者多矣。〔註1〕

學書以篆分為骨氣，不窺本源，容易遁入歧途。劉熙載云：「隸形與篆相反，隸意卻要與篆相用」〔註2〕關於篆隸的通變，沈曾植說：「篆參隸勢而姿生，隸參楷勢而姿生，此通乎今以為變也。篆參籀勢而質古，隸參篆勢而質古，此通乎古以為變也。故夫物相雜而文生，物相兼而數賾。」〔註3〕沈曾植概括了書法藝術創變的法則，即通乎古、通乎今、物相兼雜。不論所變為古質或今妍，皆是創新，惟看個人審美愛好去從事新變。

第一節　清代篆隸興盛原因與發展取向

一、篆隸興盛原因

康熙、乾隆時期，對思想領域的統治，推行了高壓與籠絡並重的文化政策。清初大興文字獄，乾嘉時期又開創了盛極一時考據（乾嘉）學派，發展了兩漢經學，相應於小學、金石考據之風盛行。清代篆隸碑學的興盛。究其興盛原因有二：（一）從書法史看，帖學已發展至顛峰，元、明以來難有突破。（二）乾嘉以來，考據學興盛，研究《說文》、金石學蔚為風尚，篆隸因而興起。清代篆隸名家輩出的原因何在？研究後可以歸納出以下幾項。

〔註1〕吳熙載〈與魏錫曾手札〉引自日本謙慎書道會編《吳讓之書畫篆刻》（日本二玄社，1978年刊行），頁207。

〔註2〕劉熙載《藝概·書概》，（台北：金楓出版社，1998年7月1版），頁185。

〔註3〕沈曾植《海日樓雜叢·卷八·論行楷隸篆通變》（遼寧教育出版社，1998年3月1版），頁324。

（一）金石學的興盛

清代考據、金石學興起，造成歷史上少有的古文化熱潮，這對清代書法有莫大的貢獻。大量鐘鼎、彝器、碑刻被關注和發現。文字學理論隨之發展，崇古心理，導致清代篆書家創作態度嚴謹和細緻深入。清代文人學者最擅長文字學、金石學而文字學、金石學帶動各體書法的發展，這對篆隸書地位的提升和確立有其貢獻。

（二）羊毫、生宣的使用

清代篆隸書家有異於前代書家的特色，就是使用羊毫。宋代以前，總的來說使用硬毫筆者佔大多數；明代開始，用軟毫的才逐漸多起來。具體地說，明以後至清代，羊毫被廣泛使用。長鋒羊毫有如下特點：

1. 羊毫筆儲墨量大。羊毫筆軟則遒，筆長則靈。

2. 八面出鋒的旋轉餘地大，適合隸書燕尾筆法的運作。

羊毫的使用，大大提升了隸書創作的優勢，豐富了隸書的表現力。賞讀鄧石如篆、隸書，正可以體會到長鋒羊毫的這些優點，而生宣的使用更增加書法的墨趣與韻味。

（三）以不同書體入篆、隸

清代篆書發展，王澍學李斯、李陽冰玉筯篆，鄧石如參以隸書，楊沂孫融合大小篆，趙之謙以北碑入篆，吳大澂以小篆寫金文，吳昌碩以金文筆法寫石鼓文。清初隸書成就最高的鄭谷口，以草法入隸。博通經史、蘊蓄閎深的大學者、詞人朱彝尊以歐法入隸。金農以吳碑入隸，伊秉綬以魯公楷法入隸……都使隸書呈現出各自的審美取向。

隸從篆來，有些結體、筆畫寫法仍受篆書影響。而融篆入隸其方式有二：

1. 融篆入隸：直接取篆書造形寫法入隸，加以隸書筆法的變化，形成道地的篆形隸法。

2. 借篆入隸：在偏旁或某些部分點畫，借用篆書寫法，形成篆隸合一的寫法。

為避雷同必求變化，或從造形上求變，或從用筆上求變，或借篆法來變。

這種以正、草、篆、籀入隸，動、靜相整合的隸書面貌，可謂展現了清隸放意自得和心手達情的時代特色，從而使清隸在理論和實踐兩方面，都得到了顯著加強，構成了隸書發展史上令人矚目的高峰。

（四）篆刻拓展了篆隸的魅力

鄧石如將石鼓文、漢魏碑額及漢隸意趣等金石文字，融為一體，形成了獨特的篆法，且以自己的篆書入印，主張「書由印入，印由書出」。趙之謙主張「印外求印」，在取材、拓展視野方面貢獻甚大。篆、印互相影響是不爭的事實，不僅篆書家精於篆刻，大部分隸書家亦精於篆刻，隸書由篆書衍變而來，如隸書大家金農擅篆刻，桂馥、鄧石如、伊墨卿、陳曼生、吳熙載、徐三庚、何紹基、趙之謙、吳昌碩等清代篆隸書家，皆擅篆刻。篆刻影響書法不僅單字造形、章法佈局，還將凝練蒼樸的金石趣味，運用到書法創作中，使書法有了金石氣，可以不諱言地說，篆刻拓展了清代篆隸的藝術魅力。

（五）勇於借古以開今

鄧石如以隸入篆，楊沂孫融大小二篆，吳大澂以小篆寫金文，吳昌碩寫石鼓、金文，使篆書開啟新的境界。金農學吳碑所創的漆書、渴筆八分，伊秉綬不著痕跡的以顏入隸，氣度恢弘。何紹基的追求篆分遺意，趙之謙的融魏碑體入篆、隸書，均具有獨特的個人風格。清代篆、隸書家借古以開今，呈現出各自獨特的審美風格取向。

（六）講究用墨

清隸的一大特色是墨色的使用靈活。用墨靈活要從何來？關鍵在善於用水。水墨是表現字的血脈所在，字的形質變化靠水墨表現。枯濕相間的用墨法，使墨色在隸書中充分地表現了藝術魅力。氣韻由筆墨而生，一幅書法作品的氣勢看用筆，而韻味看墨法。墨色的運用變化有其象徵意義，墨太濃則行筆遲滯，而顯呆滯。墨太淡則傷神采，太枯則顯浮燥氣，太溼則渙散有傷字形的完整，過與不及，各有弊病，須燥潤相滲，潤以取姿，燥以求險。

二、清代篆隸發展取向

（一）篆書風格發展取向

清代篆書風格發展，是由二李小篆為主，首先研究文字學，寫小篆以《說文》為準則，再加入碑學因素，後逐漸邁向研究大篆、金文發展的過程。

1. 小學為本、延續二李

歷代學小篆者奉李斯為正宗，然秦代李斯刻石，風化磨損嚴重，主要是參考後世所摹的《嶧山碑》，作為上窺秦篆的手段。唐代李陽冰上承李斯，延續

玉筯篆法，並稱二李，為傳統小篆創作依據。它的風格特色是字勢修長、筆畫圓勁平勻、氣度端莊秀美。傳統篆書有一特別現象，就是擅篆者往往是精於古文字學的文人學士，蓋書寫篆書要掌握篆字的正確結構。而作為古文字之本的《說文解字》，成了篆書家必然參考資料。篆書不只是書法藝術，更是學術能力的具體表現。清代前期王澍在康熙時充任五經篆文總裁官，專尚二李，被視為有復興篆書頹勢的意義。王澍之後擅篆書者數量增加，蓋清代樸學盛行，文字訓詁成為治學的基本功夫，更將金石學的資料作為文字學的參考。

　　文字學家以其專業施於書法，直接推動了篆書的發展，主要以寫「玉筯篆」為主。清代中期的段玉裁、錢坫、洪亮吉、孫星衍，皆是以文字學做基礎的篆書家。此外江聲、錢大昕、嚴可均皆有風格相近的篆書作品。然小篆在藝術求變方面風格難有突破，書法史上評價不高。清代中期以文字學為本的小篆最盛，在小篆之餘又從大篆中尋找出路，這時期篆書的面貌基本上擺脫了秦篆的束縛，鄧石如為清代篆書中興開闢了道路，隨著碑學深化，啟導後期篆書的蓬勃發展。

2. 取法秦漢、解放筆墨

　　傳統篆書以臨摹為手段，範本常成為風格建立的基礎。清代中期一則摹本輾轉翻刻，用筆流於形式化，又因強調秩序規範，變的拘束呆板，風格趨向枯躁單一。隨著碑學興盛，書家注意秦漢三國碑刻，如《之罘刻石》、《泰山刻石》、《三公山碑》、《開母廟石闕銘》、《敦煌太守碑》、《國山碑》、《天發神讖碑》等。故此一時期篆書比單依《說文解字》更有趣味，因增加了古碑刻的因素。

　　此時期的代表書家鄧石如，早期篆書風格閑雅，用筆靈活，筆畫起止處呈現提按乾溼的變化，字形方圓互用，姿態不拘一格。晚年風格豪邁，筆致雄強勁利，重現了秦漢碑刻的渾樸之氣。作品有別於王澍，說明融會了秦漢碑刻是學篆的另一途徑。鄧石如的意義在解放了篆書的筆法，並使結體變的靈活多姿。鄧石如的創作可說具有開宗立派的意義，為清代篆書拓展了創作空間。隨著碑學興盛，不少書家沿著鄧石如的路前進，使篆書植根於秦漢碑刻上，形成風格紛陳的局面。

　　另有以金石研究為基礎，博取眾長。如張惠言、吳育、程荃、陳澧、程恩澤、莫友芝等。筆墨的變化，成為表現古意的手段。晚清的徐三庚、趙之謙建立在秦漢碑刻基礎上，呈現鮮明的個人書風。

3. 追蹤先秦　重現古風

篆書除了李斯的小篆為正宗外，亦專尚秦以前的古文大篆，先秦文字是歷代書家追求古意的重要憑藉。宋代金石學興盛，書家欣賞古籀的錯落之姿、天然之趣、古質之貌。古文大篆尤以《石鼓文》、《詛楚文》為最重要的範本，歷代對先秦篆籀都有零星的學習，只是沒有掀起高潮而已。清初朱彝有臨《石鼓文》書蹟，但當時未形成風氣。清中葉以後眾多文字學家、金石家參與下，篆書獲得重生，除小篆外，先秦文字重上書法舞臺，深厚的學術背景，取法篆籀的對象更為豐富，《石鼓文》外大量的鐘鼎銘文成為第一手參考材料。清代書家對於詮釋古意，建立篆籀書法風格，達到前人所未有的廣度與深度。

金石學家如錢坫、張廷濟、朱為弼都曾以金文作篆，對青銅器款識及古文字表現專業學識。嚴格說來清人寫篆專注先秦金石文字的並不多，鄧石如亦寫大篆，主要源自《石鼓文》，雖不常作，但其於秦篆外旁參石鼓的學篆方法，卻產生了極大的影響。何紹基晚期對篆書頗為沉醉，另楊沂孫、吳大澂、陳介祺與吳昌碩均對金石學下過功夫，吳昌碩於《石鼓文》用力尤深。先秦金石的意義不只刺激古文大篆的書法，更在於為其他書體提供了創作的新元素。鄧石如、何紹基、已有大小篆結合的取向，楊沂孫大小篆結合，增強了書法金石味的藝術性。

（二）清代隸書風格發展取向

清代隸書發展的風格取向，清初期康有為說尚未找到相應的表達形式，失於狂怪，是嘗試探索詭異的時期。清中期鄧如石精謹嚴密，伊秉綬博大古拙是隸書全盛期，各自表現獨特的個性。清晚期何紹基、吳昌碩的隸書具廣度、深度是融合變化期。

1. 探本求源　取法漢隸

鄭簠初期學時人宋比玉，書學二十年，始知探求本源，乃從漢碑入手直到晚年。平心而論，鄭簠的隸書成就尚不能與鄧石如、伊秉綬等大家比肩，但是他卓識之處，在於擯棄宋、元、明時期隸書取法晉唐的鄙薄之風，直接取法漢隸，一掃舊風，開創一代隸書的走向，對於清代隸書的興盛深具革命性的意義。他的隸書主要得力於《曹全》、《夏承》、《鄭固》等碑，間參草法，故圓潤秀逸，瀟灑飛動。

2. 取法漢碑　戛戛獨造

金農的書學成就以隸書最高，以特異的書風而聞名。早年取法《夏承碑》、

《西嶽華山廟碑》、《乙瑛碑》，用筆渾厚，字形方扁而勻稱，屬於純正的漢碑
一路。中年師法《天發神讖碑》、《國山碑》兩碑，轉而擅於以側鋒取勢，其筆
劃橫粗豎細，對比強烈，鋒芒畢露；多數字形刻意拉長，強調撇畫。尤其為達
到與眾不同的藝術效果，有意將筆端截去，如扁刷之狀，用這樣特別的筆所創
作的作品，自號「漆書」。就這些特點來看，金農的隸書許多特點已違反了傳
統漢碑的成法，但卻運用合理，搭配的恰到好處，可說又奇又怪，十足的藝術
美感。他是隸書史上一位能融古又極富創造力的書家。

3. 蒼勁高古　金石氣味

鄧石如的書學成就在於篆隸二體，他的書學經歷是先學篆書，篆書既成，
再學隸書，臨《史晨前後碑》、《華山碑》、《白石神君碑》、《張遷碑》、《校官
碑》、《孔羨碑》《受禪表》等各五十本。用功之深，非常人可及。他以籀篆
之筆作隸，吸收了篆書圓潤遒麗之氣，又融入《衡方碑》、《乙瑛碑》、《熹平
石經》等樸實平正、端莊穩重的特色，故其隸書線條凝鍊蒼勁，緊密厚重，
結構嚴謹，中宮緊密，四周舒展，具有高古淳雅、渾雄天成的金石韻味。

4. 古拙樸實　雄強壯美

此種風格以伊秉綬為代表，伊氏早年臨習《夏承碑》、《華山碑》，後取法
《衡方碑》、《褒斜道刻石》、《郙閣頌》、《封龍山》、《韓仁銘》、《張遷碑》、《褒
斜道刻石》諸碑石，尤其得力於《衡方碑》，並雜有顏法。運筆完全是篆書的
面貌，用筆中鋒，結體寬博方正，合乎黃金分割比例。線條強調橫平豎直，
但撇畫經常採用大轉彎的弧線，來平衡和襯托橫豎兩直線。不強調挑筆波磔，
總是意到為止。章法安排看似平淡無奇，實則方正中求變化，尤其注意黑白
對比，往往出人意表留大空白，新鮮生動，富有趣味。風格特點在於古拙樸
實，雄強壯美。康有為《廣藝舟雙楫》稱讚他為集分書之大成。

5. 圓勁婉轉　空靈飛動

此種風格以何紹基為代表。書法初受父親影響，楷書學顏，後得力於《張
黑女墓誌》，行草則專攻顏真卿《爭座位帖》、《裴將軍詩》，是個書法能手，篆、
隸、楷、行、草各體皆精。以行書、隸書成就最高。隸書是何紹基晚年才下工
夫的書體，曾臨《張遷碑》、《衡方碑》、《禮器碑》、《史晨碑》、《石門頌》、《乙
瑛碑》、《曹全碑》等至數十通甚至百餘通，擅於把握漢碑神韻，而不計較字形
相似。所作隸書靈活多變，或古拙質樸，或婉媚灑脫，不主一格。然整體面貌
總不失圓勁婉轉，空靈飛動特點，是繼鄧石如、伊秉綬之後，又一位隸書大家。

　　總之，清代篆隸的發展，由清初隸書先行，鄭簠、金農開啟風潮，中期鄧石如打破傳統學篆方式，以隸入篆，開啟學篆新的風潮，隸書興盛成就斐然。清晚期篆隸書有更大的成就，融入北碑，溯源大篆金文，是書史上光輝燦爛的一章。

第二節　研究成果──清代篆隸名家新變成就

一、清初期篆隸名家新變成就

　　清初是帖學盛行，碑學始倡時期，探討此時期著名篆隸書家的風格新變，有鄭簠、王澍、金農等三人。劉恒指出，清代前期的隸書，鄭簠基本上反映了隸書從取法唐人和隨意妄作的狀態回歸漢隸和以古為師的轉變過程。篆書自宋、元、明以來一直衰落不振，王澍開啟了寫篆書的風氣。王澍擔任五經篆文館總裁官，具學者嚴謹態度，是清初寫篆書的第一人。並在書論研究頗有成績，提出「江南足拓，不如河北斷碑。」的卓見，對碑學書風的日益增強做了積極有利的鼓吹，並著有《竹雲題跋》、《虛舟題跋》、《論書賸語》。金農的隸書面目甚多，尤其漆書具有獨特開創性，在碑學風氣未開之時，其書法風格有視之為怪異者，實際上他是碑學實踐的先行者。

（一）鄭簠

　　為清代初期最有成就的隸書名家。從宋比玉學二十年，日見支離，去古漸遠，乃從漢碑學，在與學者朱彝尊討論後，漢隸之學復興。其書古拙奇妙，醇而後肆，博採漢碑各體之長，尤領悟《曹全碑》的真諦，間參草書筆意，形成一種沉著而飛翥，圓潤而靈活的新風格。陳振濂說他成就遠不如後來的伊秉綬、鄧石如，但他在清初書壇，萬馬齊喑的情況下，是獨立倡導隸書的功臣。鄭簠的新變成就，體現在一是清初開啟漢隸的第一人。二是糾正了明代之後以晉唐楷法作隸的風習。

（二）王澍

　　提出學書當從篆隸入手，以通篆、隸之道為入門第一正步。最為世人稱道的是他的篆書。王澍的篆書取法唐代的李陽冰「玉箸篆」之法。是以《說文解字》為基礎的小篆。用筆圓轉瘦硬，結字端正均勻，風格秀雅，法度端嚴，體現出作為學者的理性與嚴謹。王澍是清代以篆書名世的第一位書家。其書法創

作和理論主張反映了康熙後期金石學復興的影響，為乾隆以後碑學興盛的先聲。其書學理論的成就，對書壇貢獻甚大。王澍在新變上的成就，體現在一是清初小篆第一人。二是清代書法承上啟下的關鍵人物。

（三）金農

金農以隸書成就最高，曾說：「華山片石是吾師」。楊峴曾用「金石氣」來形容金農的書法，而最足以表現金石氣的書體就是隸書。金農書法造詣在「揚州八怪」中是最有成就的一位，特別是他的漆書與渴筆八分，具有高妙而獨特的審美價值。

金農早年風格規整，結構嚴密，多內斂之勢，而少外拓之姿，具有樸素簡潔風格。中年自謂得力於《禪國山》、《天發神讖》兩碑。寫的方嚴凝重，強化個人特點，橫畫粗扁，豎畫細而多變，變方扁為豎長，上部緊密，拉長撇畫以破除板滯。用濃墨渴筆，古穆蒼厚，別開生面，並號稱為「漆書」。金農作品具濃鬱的畫意和金石氣，這對於拙樸的古代隸書是一種發展，同時也是他個人藝術風格的創造。

金農獨創的漆書與二百年以後才出土的漢代詔書、木牘在橫粗豎細、字形瘦長等特點上完全一致。他在藝術上敏銳的領悟力、創造力以及過人的膽識可見一斑。

他的隸書在造型上，巧妙設計出「計白當黑」的視覺美感。利用線條粗細，與空間黑白強烈對比，造成現代視覺效果，具「圖地反轉」的互換關係，使作品發揮動靜、虛實、凹凸、前後等張力，從而產生躍動感，產生了四度空間；這也是現代繪畫造型的主要特色。

金農在新變上的成就，體現在一是碑學理論的先行者。二是融魏楷入隸。三是獨創漆書、渴筆八分。四是獨特的倒薤筆法。

由於清初期的學術風尚，崇尚經世致用，務實的學風，使考據、金石學興盛，碑學萌芽，遂逐漸開啟碑學書風。而碑學興起是以篆隸為先導的，其中鄭簠、王澍、金農可謂此時期的佼佼者。

二、清中期篆隸名家新變成就

清中期在學術上是考據學興盛的時期，隨之帶動文字學、金石學的研究，阮元的〈南北書派論〉、〈北碑南帖論〉咸認為是正式開啟碑學的先聲。碑學理論不斷走向成熟的同時，取法金石碑刻，跳出法帖籠罩，獨闢蹊徑的書家

增多，篆隸二體快速繁榮興盛，蔚為中興。

乾隆中期，金石學興盛，伴隨著搜訪和摹寫金石拓片的熱潮，隸書進入活躍時期，湧現一披寫隸書家。桂馥和黃易在隸書創作上，都有很高的聲譽。鄧石如在篆隸上均有大貢獻，伊秉綬隸書戛戛獨造，陳鴻壽於篆隸風格表現獨特。

（一）桂馥

乾嘉八隸之一，精通經學、說文，著述宏富，其《說文義證五十卷》、《繆篆分韻》在學術上貢獻甚大，主張「士不通經，不足致用，而訓詁不明，不足以通經。」曾云：「一枝沉醉羊毫筆，寫遍人間兩漢碑。」桂馥學術上的成就體現在以下三點：

1. 專力治經，作品散發出來的學問韻味和氣息。四十年如一日地沉浸于《說文》及漢代碑版的研究，使其隸書作品，富有古意，流露自然古雅而氣息醇厚的風格。

2. 利用《玉篇》、《漢簡》來增補《說文》的古文，是開拓研究戰國文字與《汗簡》古文的先聲。

3. 桂馥著述《繆篆分韻》、《續篆刻三十五舉》成為當時和後世最重要的篆刻文獻之一。我們可以把它看作是桂馥對印史的最大貢獻。桂馥隸書新變的意義，表現在以下兩點：

1. 取法正統（直接漢隸）　端莊厚重

自幼受儒家思想薰陶，得以學習孔廟著名漢碑，奠定隸書基礎。桂馥一方面治經，研究學術。他的隸書具廟堂氣象，是其性情、學識、品格、修養的綜合體現。

2. 溯源古典　一爐共冶

從其所學過的漢碑隸書，又因研究金石文字，深於說文小學，故能以篆勢入隸。又因善篆刻、著述使其視野更為開闊，溯源於古鏡、鼎文和古銅印，一爐共冶的創造出他自己的隸書。桂馥認為作隸不明篆體，則不能知變通，寫出方整雄厚，盎然古意的隸書。

（二）鄧石如

清代篆書到鄧石如才真正開啟學篆風潮，其成功之處在以漢碑額書寫篆書，以隸法入篆，一掃纖弱的書風。打破當時以王澍為首，固守李斯、李陽冰鐵線、玉筋之傳統寫法。鄧氏遠搜三代鐘鼎及秦漢瓦當碑額，以縱其勢，

以博其趣，在篆、隸筆意合參方面具有創格。鄧石如的成功在在於他將筆墨技法與當時的工具條件結合起來，在梅鏐處八年的勤學苦練，並與自己心性相融合，創造出雄渾厚實的風格。用羊毫、生宣，運用腕力，採逆入平出的方法，起筆逆勢絞鋒，用濃墨重按，產生澀勢，即所謂的金石氣，是一位開宗立派的大家。

鄧石如一生遊歷，正如康有為所謂：「所見博，所臨多，熟古今之體變，通源流之分合。盡得於目，盡存於心，盡應於手，如蜂採花，醞釀久之，變化縱橫，自能成效。」〔註4〕多方取法，「上束下放」的結體與「計白當黑」的主張，使其小篆渾厚而立體，均衡而律動。他把已經衰落了幾百年的篆書，經改良而使之重放異彩。包世臣稱其篆、隸為神品，有北碑第一人之稱。其新變體現在以下四點：

1. 以羊毫書寫

鄧石如獨以羊毫柔筆作篆，羊毫富變化，改變了二李小篆線條的工藝性，代以毛筆自然的書法性。寫篆採「逆入平出」的新法，故其篆書線條既有婉而通的流暢，又有豐厚蒼勁的力度。

2. 以隸入篆、以篆寫隸

鄧石如打破篆隸的壁壘，以隸書的筆法入於篆書中，使篆書線條充滿生動與表現力。將篆刻的若干長處有機地移到隸書的實踐中，從而使書法具有金石味，以豐富隸書的表現力，這是鄧石如成功之處。

3. 計白當黑

鄧石如在章法布白上提出「計白當黑」的理論。鄧石如說：「字畫疏處可以走馬，密處不可透風，常計白以當黑，奇趣乃出。」這論點對書法篆刻藝術貢獻很大。

4. 書從印入、印從書出

鄧石如其書法篆刻相輔相成，主張「書從印入、印從書出」，是指鄧石如篆書風格得益於他印章的取字，而印章風格的形成，出自鄧石如以篆書入印。「印從書出」是鄧石如對篆刻藝術最大的貢獻，以自己篆書的風格入印。

（三）伊秉綬

伊秉綬在漢碑研究與隸書創作上是一位傑出的人物。康有為稱「集分書

〔註4〕康有為《廣藝舟雙楫·購碑第三》，頁74。

之大成，伊汀洲也。」伊秉綬幼承家學，以宋儒為宗，宋儒以義理解經，特重心性之學與漢儒訓詁解經不同。其隸書追求的目標，可歸納為三十二字：「方正、奇肆、恣縱、更易、減省、虛實、肥瘦、毫端變幻，出乎腕下，應和、凝神造意，莫可忘拙。」〔註5〕「拙」可謂伊秉綬書法最大的特色。

伊秉綬書法造型，頗符合黃金分割比例。其新變體現在以下五點：

1. 楷隸相容

從金石碑版中廣泛及取營養，逐漸形成自己的風格。其獨特風格，是將顏體楷書與隸書相融。橫平豎直，直來直去。用顏楷寫隸字，又用隸的方法寫顏字，師顏之所師。

2. 中鋒用筆

中鋒用筆渾圓，對篆籀筆意圓實的認知。伊秉綬中鋒用筆是經過一番苦練的。每朝起舉筆懸肘畫數十百圈，自小累大，以極勻圓為度，蓋謂能是則作書腕自健。其隸書捨棄最具特色的「蠶頭雁尾」與波磔的花俏，線條以篆籀筆意書之。

3. 構形簡易

結體造形方面，符合黃金分割的造型比例，是有意味的形式。伊秉綬轉化了漢隸的扁平結體，或直或扁，疏密得宜的空間安排。不故求特色即是伊秉綬書法最感動人的特色，散發著藝術真摯樸素的本質。

4. 計白當黑

計白當黑，雖是鄧石如所提出，而伊秉綬的隸書正是「計白當黑」美學巧妙的運用。有如園林造景（空間立體），虛實相互依存，而移步換形（加上時間流動），則景景不同。具有西方現代藝術，圖地反轉的四度空間效果。金農的隸書亦具此特色。

5. 樸素守拙

「拙」是伊氏隸書的特色。伊秉綬強調「凝神、造意，莫可忘拙」。方正是隸書結體的根本，進而蒼健、遒勁，必然會發展到奇肆、恣縱。造型、虛實、線條的總總表現，歸結到運腕上去。運腕是書法的關鍵，腕指揮毫端，表現以上種種變化。故臨池時絕不可心猿意馬，浮躁輕率，應凝神、造意，莫可忘拙。

〔註5〕朱仁夫《中國古代書法史》（北京：大學出版社，1992年6月1版），頁520。

（四）陳鴻壽

陳鴻壽則取法摩崖刻石，因而使他的隸書與眾不同，極富有獨創性。致力《開通褒斜道刻石》，心摹手追，得其神駿。藝術上主張「詩文書畫，不必十分到家，乃見天趣。」〔註6〕其新變體現在以下二點：

1. 取法摩崖　簡古超逸

陳鴻壽書法風格鮮明，取法漢摩崖石刻，他廣學漢碑，尤以隸書著稱。結字造型奇崛簡古，以靈動見長。面對古老的摩崖，其天真雄放的氣勢、渾樸古厚、瀟灑野逸的意趣令人折服。

2. 結構奇崛　以篆印為書

其隸書，造型奇特具有狂怪的特點，表現強烈的個性，其新變表現在結字和章法上。結字別有會心，應長反短，應縮反伸，此即其新變之處。

總之，清代中期是碑學興盛的時代，考據學發達帶動文字學、金石學的研究，而其中影響最大的就是篆隸書體中興與篆刻的蓬勃發展。其中對漢碑的研究，由於取法碑刻不同，見解、個性、喜愛不同，產生多元的面貌與風格，這也正是清代隸書的特色。布衣書家鄧石如的小篆異軍突起，未受科舉考試館閣體的影響，使他能表現雄強渾厚的篆書，在李陽冰的小篆基礎上，溯源漢碑、李斯、參入石鼓文、漢碑額等。幾乎全面性的學習，以隸入篆，以漢碑額入篆，用羊毫筆，採逆入平出之法，一改千年來寫篆的方法，而有重大突破，帶動寫篆的熱潮。隸書方面桂馥遙接漢隸真傳，取法正統，溯源古典，風格端莊典雅。鄧石如以篆入隸，又以隸入篆，和平簡靜，逌逸天成，篆隸皆入神品。伊秉綬隸書宏大，集分書之大成，符合黃金分割比例，書風古拙，特具現代藝術視覺果。陳鴻壽取法摩崖，以篆印為書，結構奇崛，書風簡古超逸。

三、清晚期篆隸名家新變成就

清晚期學術丕變，學者藉公羊學之微言大義，批判政治積弊。金石學蓬勃發展，古代文物不斷出土，咸豐以後碑學尤為昌盛，是書法史上最自覺的藝術階段。

劉熙載的《書概》、康有為的《廣藝舟雙楫》等在書論方面有重要貢獻。此時期書家有吳熙載、何紹基、楊沂孫、趙之謙、吳大澂、吳昌碩等在篆隸方面變革創新。

〔註6〕馬宗霍《書林藻鑑下》，頁416。

（一）吳熙載

有江南第一傑出印人之譽。在篆法上，有兩種風格。一種是用隸書筆法寫《天發神讖碑》的風格。起筆方，收筆尖，有「氣貫長虹、剛勁有力、咄咄出新意」之態。一是吳熙載師法鄧石如及漢篆法，更因其善於「鐵筆寫篆」擷取金石精華，故包氏推崇吳熙載恪守師法而自成面目，給人以清澹甜潤之感。特別是他的圓勁流美的小篆為世人所重。用筆渾融清健，篆法方圓互參，體勢展蹙修長，有「吳帶當風」之妙。

吳熙載隸書結體，中心緊斂而肢體舒展，頗富古意，被譽為清初以來篆隸書體創新者之一。其篆隸得鄧氏精髓，行草學包氏。工四體書，書印相參，篆刻尤為傑出，風格飄逸生動。其新變體現在以下二點。

1. 書印合一　晚清第一傑出印人

吳熙載發揚鄧石如「印從書出，書從印入」的主張，達到了書印合一的境界。通力學鄧後，又以自己的善變，自出機杼，形成了自己獨特的印風格調。

2. 入古出新的創造

在繼承鄧石如的基礎上，都有新的創意，吳熙載用刀如筆，已登峰造極，形成他自己的獨特風格，特別是那種輕鬆澹蕩的境界。用筆虛和婉麗，點畫溫潤舒展而飄逸，書風有一種不食人間煙火的道家氣息，又具書卷氣，開創小篆風格的新境界。

（二）何紹基

何紹基書法，有清代第一之稱。

何紹基早期書法多為楷書；中期以後行書多於楷書，行書多參篆意，於縱橫攲斜中見規矩，恣肆中透秀逸之氣。後期則多為篆書和隸書；晚年的書法風貌獨具，將草書、篆書、隸書、行草融為一體，正如其所謂「篆、分、真、草只一事」，南北兩派相容相通，帖學和篆隸融通，這種觀念，對後來的書法史上的碑帖融合，有正面的影響。作品風格趨向「樸」的境界，強調古勁厚遠之氣，運用圓活自如，化出極豐富的變化。渾厚雄重，獨創一格，頗具成就，與包世臣不同處在於包「尊碑抑帖」，何「尊碑而不廢帖」。其與金農的差別是，金農「華山片石是吾師」，何紹基則「東京諸碑是吾師」。鄧石如以雄逸豪邁勝，伊秉綬以堂皇莊嚴勝，何紹基則避同求異，表現為凝結澀拙。在晚清書壇上，光彩耀眼。

臨摹《禮器碑》、《張遷碑》多至百通，強調篆分遺意，採碑帖兼容的觀念或化篆分入行楷。其新變體現在以下幾點：

1. 懸臂回腕執筆法

他任筆騰擲頓挫，不加檢束的寫法，乃是由於特殊的「迴腕」執筆法發展而來，他的方法是「迴腕高懸」，「懸臂圓空」。懸臂臨摹，要使腰股之力，悉到指尖，務得生氣。

2. 橫平豎直生變化

何紹基將「橫平豎直」視為書律。批評包世臣不符「橫平豎直」四字，故學北碑未能得髓。「橫平豎直」所指的正是筆筆中鋒，是要筆直，而非橫豎畫平直。

3. 求篆於金

其學篆於商周金文，向燊云：「鄧石如集碑學之大成，而於三代篆籀未之逮，蝯叟通篆籀於各體，遂開光宣以來書派。」大底清前期寫小篆以說文為主。中期鄧石如以隸入篆有重大突破，晚期何紹基，開始求篆於金，是清代篆書的一大轉折。

（三）楊沂孫

楊沂孫擷鄧氏篆書之氣，運錢（坫）、孫（星衍）篆書之法，參石鼓、兩周金文之筆意，融會大小二篆自成一家。《在昔篇》為其篆書學術力作，作于去世的前一年，在此文中，他概括了清代嘉、道以來金石學者的重要成就。其新變成就表現在以下二點。

1. 溯源吉金　折衷大小二篆

楊沂孫明確地主張：要超越前人的成就，必須在小篆的基礎上，參考青銅器銘文，折衷大小二篆。楊沂孫說：「唯此吉金，亙古弗敝。得而玩之，商周如對。」

2. 功夫精純　方正古穆

楊沂孫化小篆長形為方形，並加入方折之筆，而能在鄧石如篆書風潮之下另樹一幟。章太炎以精純評之。楊沂孫篆書風格偏向古穆、質實、內斂，是學問的濃縮也是審美的凝結，是方正型的代表。

（四）趙之謙

趙之謙由「平書寬結」的顏字，一變為「斜畫緊結」的北碑。將北碑融入各體書，從而創造獨特的風格，而篆刻則異口同聲讚美。其新變表現在以下二點。

1. 直入平出　折鋒用筆寫篆

將北碑的「直入平出」和折鋒等用筆方法來寫篆書，運筆自如，表現了他的個性。以隸書的蠶頭燕尾增加篆書的流動感，又融入魏碑筆意，這是趙之謙篆書與他人不同之處。

2. 融北魏書入各體

趙之謙書法各體兼善以北魏書見長。篆書繼承鄧石如的筆法，特別在《孔宙碑》的碑額，師法它的用筆側鋒取勢，和結字讓頭舒腳的特點，隸書參用鄧石如筆法，融合各碑的特點，尤其《劉熊碑》、《封龍山頌》而自成體貌。

（五）吳大澂

集政治、學者、書家於一身，對金石文字有精深的研究，開闊了對先秦文字的廣闊視野。吳大澂的篆書以小篆筆法寫大篆結體，氣韻高古；大小參差，淵雅樸茂，在當時是一種創造。其新變成就表現在以下三點。

1. 專攻大篆　開拓金文視野

吳大澂平生留心於古器物、古文字遺跡的研究與收集，著述宏富，專攻大篆使書學潮流轉向金文，其大篆多效法西周晚期金文《史頌簋銘》之類的風格。

2. 首創以大篆金文　書寫論語、孝經、尺牘

吳大澂以金文書寫尺牘，在當時可能為了使識字更熟練，而在今天看來保存了許多可貴的文獻資料，而且這些書札亦不失為優秀的書法藝術佳作。這些尺牘體現了師友間的感情與對金石學真摯熱愛。

3. 著《說文古籀補》　補《說文》中古文之缺失

吳大澂研究金文發現《說文》的古文字形與銅器上金文差異太大，提出質疑，認為《說文》中的古文，不過是漢代在孔氏舊宅壁中出土的古文經的文字，這種文字不過是戰國時代列國分化之後的書體，金文字體才是西周時代的標準字體。

（六）吳昌碩

吳昌碩為清末民初藝術大師。詩書畫印四絕，其作品真氣彌滿，蒼古奇肆，雄健樸厚，篆刻尤為擅長，開一代之印風，是開宗立派的大師。其新變成就表現在以下三點。

1. 專攻石鼓 得於畫化

吳昌碩一生專攻《石鼓文》旁及金文大篆，形成樸拙老辣、氣勢磅礴的風格。他的石鼓文超越前代，寫的左緊右舒、左低右高，犬牙交錯，古今所無。所謂「畫化」即書法受畫現代化的影響，書家藉用繪畫的理論和技巧來創造書法，是中國書法發展史上的一件大事。

2. 得照相術之助 注入金文筆法

吳昌碩寫《石鼓》的成功，金學智說：「吳昌碩臨《石鼓》文，根據下端通於小篆，上端通於金文的特點，採用了兩端取美。……更多地是上取金文的結體和章法美。」[註7] 吳昌碩汲取小篆的特點，即體勢加長，使橫、豎畫成鮮明的長短對比，又採凝重澀進，力透紙背的筆意，形成自己的個性風格。拜西洋照相術，攝影放大技術之賜學習金文。吳昌碩金文大篆探索的成功，無疑是受時代環境影響。

3. 詩書畫印 融會貫通

吳昌碩詩、書、畫、印，均有極高的造詣，開創大寫意之風格。把它的詩、書、畫、印串連起來研究揣摩，才會發現他原是左右逢源，與天地神明相通。他的詩、書、畫、印渾然一體，又各有千秋，體現在作品中，形成氣勢磅礴、標新立異的獨特風格。以《石鼓文》為主，寫出古樸蒼茫具有金石氣的線條，寫氣不寫形，給人一股磅礴之感，具有蓬勃的生命意識。

總之，清代晚期篆隸書家均擅篆刻，吳熙載圓勁流美有吳帶當風之譽。何紹基強調篆分遺意，碑帖兼容，風格渾厚樸重，有清代第一之譽。楊沂孫折衷大小二篆，在鄧石如小篆之外另樹一幟。趙之謙書法融北魏書入各體，篆書具流動感。吳大澂以小篆筆法寫大篆結體，淵雅樸茂，首創以大篆金文書寫論語、孝經，被稱為寫金文之祖。吳昌碩詩、書、畫、印，均有極高的造詣，開創大寫意雄渾、樸拙、蒼茫之風格。

〔註7〕金學智〈吳昌碩與石鼓文〉收錄於《西泠藝叢・第九期》，頁 28～29。

四、清代篆隸名家風格新變比較

比較是一種很實用的研究方法，可看出差異所在，但比較需要有共同基礎。清代篆隸名家除清初王澍為傳統小篆，較缺新變特色外，茲選擇重要相關篆隸書家作比較分析說明。

（一）鄧石如與吳讓之之比較

吳熙載既為鄧石如之嫡傳，其與鄧石如的差異何在？茲從用筆、線條、結體、風格等方面，根據研究成果，加以比較，列表於下。

表 6-1　鄧石如與吳熙載之比較

篆書家	用　　筆	線　　條	結　　體	風　　格
鄧石如	以隸法作篆，五指齊力，如錐畫沙。表現提按、轉折、方圓等用筆的豐富性。	厚實沉著，入木三分，邊緣毛澀，橫畫稍上拱顯張力，豎畫有向背，具情態。	結構茂密，偏長，疏密有致對比明顯。	雄渾拙樸，茂密雅健，蒼古奇偉。
吳熙載	渾融清健，方圓相參。	提按節奏比鄧明顯，瘦勁圓潤流暢，行雲流水。	結構疏朗，上緊下鬆，體姿婀娜動人。	嫵媚爽利，秀美圓潤。

透過鄧石如與吳讓之之比較，兩人風格特色，更為明朗。吳讓之用筆渾融清健，篆法方圓互參，體勢展蹙修長，有「吳帶當風」之妙。雖為鄧石如之嫡傳，但風格是朝向精工、圓潤、流美風格發展。

總之，吳熙載篆法圓中寓方、展蹙開合，剛柔相濟，婉暢多姿。體取長式，結構疏密自然，服膺鄧完白字畫，疏處可以走馬，密處不使透風，常計白以當黑，奇趣乃出的理論。

（二）楊沂孫與鄧石如之比較

鄧石如曾談到自己篆法變革過程：「余初以少溫為歸，久而審其利病。於是以《國山石刻》、《天發神讖文》、《三公山碑》作其氣，《開母石闕》致其樸、《芝罘》二十八字端其神，《石鼓文》以暢其致，彝器款識以盡其變，漢人碑額以博其法。」[註8] 鄧石如雖提到了彝器款識，但在鄧的時代，所能見到的金文並不多。

楊沂孫的篆書初學鄧石如，後吸取金文、石鼓文、漢碑篆書等筆法融會成

〔註 8〕吳育《完白山人篆書雙鉤記》。

自己的風格。用筆技法承襲鄧石如的飽滿堅實，文字結構和形態則跳脫文字學《說文》和秦小篆規則的束縛，融合大小篆，字型由瘦長變為方整。點畫參差錯落，呈現左低又高之勢，是其個人風格之特徵。

鄧所取法者，主要還是秦漢以來的石刻篆書。晚清金石學者、篆書家吳大澂曾談到鄧石如的篆書，認為完白山人亦僅得力於漢碑額而未窺篆籀。鄧石如的篆書雖然在體勢上有了重要變化，但其篆法構成，仍然不出小篆範疇。鄧石如寫石鼓文，所採的是小篆的用筆法。

吳昌碩說：「近時作篆，莫邵亭（友芝）用剛筆，吳讓老（熙載）用柔筆，楊濠叟（沂孫）用渴筆，欲求三家外，別樹一幟難矣。……又何敢望剛與柔與渴哉。」〔註9〕這是吳昌碩自謙的話，但也可知前賢書篆用筆各有追求，不與人同，且吳昌碩有企求三家之長的用心。

總之，楊沂孫晚生於鄧石如七十年，所見金石文物就大不同了，進入清晚期的文字訓詁、金石考證之學，均已較乾嘉時有了很大發展。一批重要青銅彝器陸續被發現，文字學經過諸如王念孫、王引之父子、王筠等學者的努力，也比段玉裁更為深入。對於上古三代的青銅鼎彝文字，學術界也引起更大的關注與反響。這些學術成就，都為晚清書學拓開了全新的視野，篆書藝術的重振，更是與之密切相關。在此學術環境影響下，楊沂孫融金文於小篆的新書風，應運而生。其所開創的新篆書書風，在小篆的婉麗流美之中，增加了金文的端整靜穆，結體也重新組合，繁簡有變，奇正互用，在變化中和諧統一。

（三）伊秉綬與隸書名家風格比較

伊秉綬與清代幾位隸書大家比較，伊秉綬追求平實簡省的程式，簡化用筆來彰顯生拙，以更易、方正的結構製造張力顯現氣勢，以點線的肥瘦、虛實變化來暗示佈局的生動。這與鄭簠追求以用筆的生動、顧盼來營造作品的神氣是迥然不同的。不同於金農的峭利、鄧石如的流動。陳振濂推崇伊秉綬為千古未有的奇蹟，陳氏說：

> 錢坫、桂馥在陽剛之氣欠火候，鄧石如、吳讓之在技巧上是更精細柔美。柔性化意味技巧的嫻熟與審美精緻。伊秉綬以絕大能力衝決了這種歷史規定。他的陽剛之氣可謂是千古未有的奇蹟。鄧石如是針對南帖做雄強的崛起，但對古碑本身還是作技巧洗鍊方面追求熟

〔註9〕吳昌碩七十一歲篆書七言聯跋語。刊於《中國書法全集・77 近現代吳昌碩》，頁128。

而美。伊秉綬並聯古碑的追求都想超越，走向真正的陽剛極則。在
線條渾樸方面，他遠勝於冬心的峭利更有別於鄧石如的流動，而在
結構方面又開展了空間、空白配置的全面魅力。〔註10〕

透過三人比較可以更清楚瞭解伊秉綬隸書的特色。此外王冬齡認為分隸冠絕
一時的金農，足與鄧、伊並駕齊驅，鼎足而三，冠冕群流。王冬齡說：

伊墨卿隸書端莊富麗，有廟堂之象，正氣浩然之概；金冬心不衫不
履，有山林氣息，存天真野逸之氣；鄧頑伯激楚蒼涼，筆力千鈞，
具陽剛之美。他們三人都有入木三分的功力，下筆沉著痛快。所不
同的是，伊以中鋒為主，金是側鋒為多，而鄧則中側並用。伊用圓
筆，金作方筆，鄧則方圓並舉，方中寓圓，圓中寓方。所謂法不同
而道同，各有造詣，難分軒輊。〔註11〕

金農、伊秉綬、鄧石如三人隸書，各有特色，均具有入木三分的功力，實各有
千秋。

金農的分隸漆書，不受前人束縛，自闢蹊徑，然作為後學師範，或恐墮
魔道。伊秉綬的隸書，論其境界與格調所達到的高度，比鄧石如高明的多，
但對後世影響不及鄧石如。學鄧的多，學伊的少，究其原因，主要是伊秉綬
書法格調高古，一般人難理解和學習。即使書論家包世臣亦未能理解，伊氏
篆隸俱工，《藝舟雙楫·國朝書品》竟然榜上無名，可見包世臣隘於耳目與門
戶之見之深，倒是康有為稱他「集分書之大成」，與鄧石如並列碑學的開山鼻
祖，較為切當。

（四）趙之謙與何紹基之比較

趙之謙與何紹基之比較，趙稱何道州書有天仙化人之妙，余書不過著衣
吃飯，凡夫而已。此可說自謙之語。何比趙大三十歲，何紹基以行草、隸書
見長，趙以篆刻、北魏楷書見長，比較基礎不同，本難論優劣，實各有擅勝。
趙與同代碑學大家在書風上有意拉開距離。何古雅奇崛，趙平易優美。王益
知云：

何紹基與趙之謙二家書法皆從顏入手，通過北碑，探源篆隸，方向
大致相類，而成就各有不同。唯一關鍵在於用筆。子貞懸腕藏鋒，

〔註10〕陳振濂《品味經典·談中國書法史》（浙江：古籍出版社，2006年11月1版），
頁135。
〔註11〕王冬齡《清代隸書要論》（上海：書畫出版社，2003年12月1版），頁15～16。

> 高執其筆，用龍眼法，故其書沈雄峭拔。撝叔執筆較低，用鳳眼法，
> 且喜偏鋒，故其書姿態俗媚。撝叔為服膺包派之一人，子貞對安吳
> 則抱批評態度，二人爭論焦點不外於此。〔註12〕

何紹基與趙之謙皆從顏入手，再學北碑，取法相同，而風格有異，關鍵在用筆。

　　趙之謙服膺包世臣的萬毫齊力，是隸書的用筆法，而何子貞腕臂高懸，是篆書的用筆法，這是兩人不同之處。何紹基講求篆隸筆意，能化篆分入楷，其行楷雖是顏的面目，卻是篆隸的線質。趙化北碑入各體，有一段時期字形與何絕肖，但用筆仍是帖派行筆間透露倜儻消散。何古拙，趙妍美。何是含蓄、向內的用筆（內斂），內斂用筆多用圓筆、藏鋒、轉筆、提按頓挫起伏較小。趙是直接、向外的用筆（外拓），外拓用筆多用方筆、露鋒、折筆、提按頓挫起伏較大，風格差異是碑帖線質造成的。趙書複雜深邃、剛毅不屈和雄渾奇崛的書風、巧妙的結構，感動許多觀者心靈。何子貞雖號稱學北碑，但實際仍是寫的顏字，自己說是顏七魏三，而趙之謙才是魏七顏三。趙之謙書法明顯有北碑點畫形態，說明其取法偏重於外在形式；何紹基在篆隸、北碑中尋求篆分意度，化入行草，取法偏重內在線質。

（五）趙之謙與吳讓之的比較

　　兩人均受包世臣碑學思想影響，吳熙載的篆隸師承鄧石如，雖有新意仍屬鄧氏一路，篆刻也歸入鄧氏一派。楷、行、草書未能跳出包世臣藩籬，故一般將吳熙載歸入包派。趙之謙受包世臣書學思想影響較大，但書法風格與包氏迥異，趙二十七歲時包世臣已卒，未能從包氏學，故不列為包派。吳熙載為世所重是因其篆書、隸書、與篆刻。趙之謙為世所重是因獨特的北碑楷書及篆刻。他們都是詩、書、畫、印全才型藝術家，當然更是金石畫派一脈相傳者。

　　趙之謙寫篆書並無強調左右的完美對稱，由於部首與偏旁沉著合實，字體內部空間些微變形，整體篆字各隨字形大小排列，造成奇趣橫溢，姿態百出。隸書紮基於廣博的碑版見識，融篆隸北碑用筆於一爐，字形結體精實，線質厚實凝重，縱放揮灑而展現情思。趙參用鄧石如中宮緊密與漢碑形姿，展現生動靈秀古典新生的自我藝術特質。在隸書方面，早期師法鄧石如，但妍媚書風確立後，完全走與鄧石如相反的路，秀美、甜潤、勁健的作品基調是趙之謙隸書最顯著的審美特徵。

〔註12〕王益知〈趙撝叔論書手札〉收錄於《藝林叢錄·第六輯》（台北：谷風出版社），頁 195。

　　總之，鄧石如、何紹基、趙之謙，此三家皆習北碑，而風格不同，鄧剛健，何渾厚，趙清勁各具特色。

五、清代篆隸名家風格新變評價比較表

　　清代篆隸名家其風格新變，經比較研究後，分（一）篆書名家比較（二）隸書名家比較，根據其風格特色成就，整理製表如下。

（一）篆書名家風格新變評價表

表 6-2　清代篆書名家風格新變特色比較表

書　家	風　格	新變特色	評　價
王澍（1668～1743）	勻稱光潔、秀雅端嚴。	學李斯、李陽冰、《嶧山碑》	清初小篆第一人。剪筆枯毫，不足以見腕力。
鄧石如（1743～1805）	真氣彌滿、古茂渾樸。平和簡淨、遒麗天成。	宗法二李，融秦、漢二篆，以隸入篆。於漢碑額悟到用筆。	篆隸神品。對篆書有重大貢獻。
吳熙載（1799～1870）	溫婉圓健、飄逸多姿。	篆書為鄧完白嫡傳。以長勢取姿。	無完白雄厚筆力，而清逸過之。用隸筆作方整篆體的《天發神讖》則雄強險勁。
楊沂孫（1812～1881）	遒婉俊逸、峻利端莊。	擅小篆參以金文。篆形方正。	與鄧石如頡頏，氣魄不及，而丰神過之。自信為歷劫不磨。
何紹基（1799～1873）	渾厚雄重、凝結澀拙。	上溯周、秦、兩漢古篆籀，下至六朝碑版。	一代碑學大師，被譽為三百年來第一人。
趙之謙（1829～1884）	流宕巧麗、方峻遒勁、氣勢飛動。	鋪毫，參用北碑筆法。融北碑入篆。	人書俱老，一代大師。康有為評為北碑的靡靡之音，實為過苛。
吳大澂（1835～1902）	莊重穩健、淵雅樸茂。	集古代金文而以小篆字勢變化之。	早期小篆酷似李陽冰，中年以後參古籀文。小篆與金文結合，自成一家。
吳昌碩（1844～1927）	大氣磅礴、古樸深厚、凝鍊遒勁、貌拙氣酣。	長鋒羊毫、濃墨。專攻《石鼓》，參以金文、陶文、磚瓦文字體勢。	金石書畫融合一體，風格突出，一代宗師。

　　清代篆書名家，經列表比較，其風格新變與特色評價差異，一目瞭然，更為清晰。

　　風格變化反映某種文化現象，體現某種哲學的、美學的觀念和思潮。例如王澍在跋〈篆書謙卦、家人卦〉時把書法和仁、義、禮、智、信五德聯想在一起，其作品亦表現出儒家思想莊重端嚴的風格。趙之謙三十四歲，賢妻、愛女

相繼去世，幻想從佛學往生論中得到心靈的安慰，在〈滄經養年〉的印側，刻觀世音像，自稱佛弟子，明顯受佛學思想影響。吳昌碩《缶廬詩・刻印》中自道：「我性疏闊類野鶴，不受束縛雕鐫中。」〔註13〕崇尚個性自由，愛好大自然，顯受道家思想影響。藝術家從事創作，自覺的或不自覺得流露其哲學思想的審美觀。清代篆書之新變，經研究後，筆者將之歸納為四類：

（一）是以玉筯篆為學習對象的小篆系統。可以王澍為代表。此外乾嘉時其研究文字學的學者書家，如錢坫、洪亮吉、孫星衍、江聲、張惠言等皆是。

（二）是以加入隸書筆法的小篆系統。以鄧石如為代表。此外如吳熙載、徐三庚、趙之謙、吳昌碩等皆是。

（三）是以篆書加入金文筆法的大篆系統。以楊沂孫為代表。楊沂孫初學秦石鼓文，後又參以兩周金文筆意，於大、小二篆融會貫通。此外如吳大澂、吳昌碩等皆是。

（四）以寫繆篆、祀三公山碑、天發神讖碑等繆篆系統。以陳鴻壽為代表。此外釋達綬、徐三庚等皆是。

清初期王澍，清中期孫星衍、洪亮吉、錢坫等，均以篆書名家，書家大都經研小學，廣搜金石文字，惟或用剪筆枯毫，或取則不高，大都宗法李陽冰，所作都是鐵線、玉筯一類，不足以見秦篆淵渾的氣勢，學者書家所表現為嚴謹的書風，少有創新。

清中期堪稱篆書中興之世，碑學興盛，篆隸大興。最傑出的代表為鄧石如，宗法二李，凡秦刻漢印，碑額瓦當，無不雜揉廣涉。此時期羊毫筆盛行，力追秦漢，擺脫李陽冰的束縛，把秦漢兩代篆書熔為一爐。且以羊毫作篆，以隸作篆，博大精深，氣勢磅礴，為後世之習篆者開出一條康莊坦途。清代篆書至鄧石如而境界始大。後繼者有吳熙載、楊沂孫、趙之謙，師法鄧派又各有風采。

清晚期文物古器不斷發現，金石文字考據興盛，為篆書發展開拓了思路和眼界。乾嘉以來金石樸學和訓詁的新成就，使清人能夠在古文字研究的領域超越漢晉，此期篆書代表作家有楊沂孫、吳大澂、吳昌碩等，在篆書中加入大篆金文。此時期由於西洋照相術的引進，鐘鼎文字得以放大，臨摹學習金文大為方便，吳大澂得力於金文，吳昌碩、王福庵得力於《石鼓文》而風格各異。吳

〔註13〕茅子良編《申生・吳昌碩流派印風》（重慶出版社，1999年12月1版），頁1。

昌碩篆書參以金文、草法，用筆老辣，樸茂雄健。清晚期在大篆的創作，成績斐然，使篆書發展，進入一個新境界。

清代篆書的發展，由清初期王澍的學李斯、李陽冰，而實際是學翻刻本的《嶧山碑》，再經中期鄧石如學漢碑額，以隸入篆，再到晚清吳大澂、吳昌碩寫石鼓、金文大篆，走的是一條逐漸復古的道路，溯源而後借古開新而整個清代篆書的主流所體現的就是圓中帶方，參合隸意。

（二）隸書名家風格新變評價表

表6-3　清代隸書名家風格新變特色比較表

書　家	風　格	新變特色	評　價
鄭簠（1622～1693）	綺麗飄逸、醇而後肆。	隸參草法，粗細、疏密富有變化。	稍接近漢人和富有古意，開清隸變革風氣第一人。逸品上。
金農（1687～1763）	古樸渾厚、蒼古奇逸。	隸參吳碑（天發神讖碑）用筆平扁如刷，蘸以濃墨，行筆只折不轉。	以拙為妍，以重為巧。開創漆書、渴筆八分。獨具一格，揚州八怪之首。
桂馥（1736～1805）	工整典雅、僧入禪定、斂心靜氣。	結體近扁、布白疏朗、用筆方中寓圓。	直接漢人，能縮漢隸愈小愈精。
鄧石如（1743～1805）	貌豐骨勁、遒麗淳質。	隸參篆法以漢篆碑額入隸，結體嚴謹，計白當黑。	篆隸神品，清人第一。趙之謙評：山人書，以隸為第一，山人篆書，筆筆從隸出。
伊秉綬（1754～1815）	奇肆、恣縱、博大。端莊大方、寬博俊偉	以魯公楷法入隸。執筆用古龍睛法。富金石氣。	得力衡方碑，集分書之大成，伊、鄧並稱碑學開山鼻祖。
陳鴻壽（1768～1822）	靈動神駿、清勁瀟灑、簡古超逸。	取法摩崖，開通褒斜道刻石。結體應長反短、應伸反縮。主張天趣。	有「狂怪」的特點。王潛剛評：力求變古法，結構往往傷巧。
何紹基（1799～1873）	屈鐵枯藤、奔雷墜石。	回腕法，波折左右特長，遲澀穩實。禮器碑、張遷碑各臨百通。	有清人第一之譽。晚清碑學大師。
趙之謙	清麗曠逸、雄放飛動、瀟灑沉勁、方圓合度。	黑多白少，隸參北魏，以側鋒掃刷、取法完白，自出己意。融北碑入隸。	藝術修養全面深厚，富有創造精神的一代大師。沙孟海《論書叢稿》：稱其為藝術通才。
吳昌碩	凌厲郁勃、貌拙氣酣。	結構拉長、石鼓筆意、用墨極濃取法三公山。	篆隸相容，雄渾飽滿，博大精深，面目獨特。

　　清代隸書名家，經列表比較，其新變、風格特色差異，更為清晰。正所謂人才濟濟，風格多樣。

　　清代隸書的新變，經研究整理，筆者將其歸納為二類，分述如下。

　　（一）引各體書入隸。又可分為：

　　1. 以篆書筆意寫隸書。如鄧石如、伊秉綬。

　　2. 以草書筆法寫隸書。如鄭簠、楊峴。

　　3. 以魏碑筆意寫隸書。如金農、趙之謙。

　　4. 以楷書筆法寫隸書。如朱彝尊、伊秉綬。

　　5. 以傳統、獨創、摩崖、寫隸書。如桂馥、金農、陳鴻壽、吳昌碩。

　　（二）改變結字造形。如金農、鄧石如、伊秉綬、陳鴻壽、吳昌碩等的隸書。

　　1. 金農獨創漆書。符合計白當黑、圖地反轉、四度空間的現代造形效果。

　　2. 鄧石如以計白當黑，結字縝密，疏可走馬、密不容針。

　　3. 伊秉綬造形符合計白當黑，黃金分割比例，圖地反轉的現代造形效果。

　　4. 陳鴻壽結字造形，應長反短，應伸反縮，別有趣味。

　　5. 吳昌碩隸書結體縱長，一反隸書傳統橫扁的造形。

　　清代隸書家取法廣泛，不僅取法漢碑，甚至碑額或碑陰亦採納。這些碑額或碑陰給清代隸書家的啟迪是明顯的。清代隸書家對魏晉南北朝碑也認真臨寫，當然對詔版、磚文、鏡銘也注意取法。因此使清隸打破了傳統隸書與其他書體的界限，體現出清代隸書家與時俱進、與時俱新的發展理念。隸書大家大都擅長篆刻，如鄧石如、金農、伊墨卿、陳曼生、吳熙載、何紹基、趙之謙、吳昌碩等。清代隸書大家既能繼承漢代隸書又能賦予新的時代氣息。

　　清初期是漢隸書風復興的初發階段，以恢復漢隸為主，清初遺民書家的審美觀，在創作上以師法漢碑，直抒胸臆與醜怪書風為清初隸書書壇的主角。

　　在清中期考據學籠罩著整個學術文化圈，碑學也在此時興起，隸書的發展也受其影響，以直接漢碑，融古創新，但不像清初那樣肆意醜怪，風格較為工整。

　　在清晚期隸書受碑學發展完備的影響，融金石、北碑入隸，使風格更雄強、更有金石味，隸書發展到此可說已是發展到極致，也為清代的復古書風開創不朽的一頁。

　　清人學隸以漢隸為基，非單學一體，且不為其所囿。將審美眼光從漢隸碑刻中拓展開來，向隸書以外的無限空間作大膽探索。或加入行草筆意如鄭簠，或加入篆書筆意如鄧石如、伊秉綬、何紹基，或加入北碑筆意如何紹基、趙之謙，或用唐楷歐法寫隸，如朱彝尊，或以顏體筆意寫隸如伊秉綬。或於結字方面大膽改變，如鄧石如結體緊密，計白當黑。伊秉綬奇正相生，合繆篆分布之妙理。陳鴻壽結體經過重新組合，中斂外肆，應長反短，應伸反縮。吳昌碩結構拉長，上緊下鬆，虛實相映等。清代書家以非凡的成就，展示了不同於漢代隸書創作的新境界。清代人的胸襟、氣魄和開創精神，正值得後代書家效法學習。今天學習隸書要想超越清人，惟有挖掘漢、清兩代隸書創作背後所隱藏的書法精神，進行綜合提煉，加上新出土文物，如竹、木簡、帛書、繒書，這是清人所沒有見過的，再融合現代的文化精神，建立全新的隸書創作觀念，才有可能。

第三節　影響（學習與創新）

一、清代篆隸名家對書壇貢獻

　　清代早期以秦篆和李陽冰小篆為範本，主要以寫「玉筋篆」為主；到了清代中期，在小篆之餘又從大篆、漢碑額中找尋幫助，這時篆書的面貌，基本上擺脫了秦篆的束縛。到了清代晚期，取法更為寬廣，石鼓、金文早已司空見慣，大量的甲骨文出現，又為書壇注入新血，加以西洋科技進步，傳到中國，利用照像放大、印刷等技術，使學習碑帖更為方便，形成書壇前所未有的熱鬧景象。

　　清代篆隸書法的成就主要體現在以下幾方面：

（一）是湧現出一批影響深遠、開宗立派的碑學名家，如鄧石如、伊秉綬、何紹基、趙之謙、吳昌碩等人。

（二）是沉寂數百年的篆、隸書體，既重整旗鼓，又綻放異彩，形成新的風格流派。

（三）是真草篆隸各體相互汲取和交融，形成以隸入篆、以篆寫草、草隸相間、隸楷互參的多種面貌，標新立異，紛創新格。

（四）是帖學向碑學的轉換，既促進了碑學的成熟，也使帖學改弦易轍，汲取碑學之長，碑帖交融，突破成規，呈現新生契機。

二、清代篆隸碑學的影響

書壇進入清代，碑學復興，書家的眼界大開，社會的審美觀發生了大的轉變，篆書與隸書重新受到重視，得到空前繁榮，印證了清代篆隸、碑學的深遠影響。阮元、包世臣、劉熙載、康有為等人的論文與專著，重視碑學推動了篆隸、魏碑的發展，確立理論在中國書法上應有的位置。開闊了書法創作的空間與創作思維層次。碑學與帖學的分庭抗禮。提升了後來人對篆隸、魏碑、美學價值的認識和創作思維。書法美學思想的研究，得到了重視，書法美學論著，相繼問世，堪稱書法文化大觀。清代書學主要體現在碑學的興起，即篆、隸、北碑的興盛，其影響歸納如下二項。

（一）金石學對書法的影響

金石學研究的重點在鐘鼎彝器和碑碣墓誌上。金石學與史學、考證學、文字學最為密切。清代金石學對書法的影響，一是改變書法審美觀念。一是重建書法史觀。表現在學問的匯通，學術與藝術在學者書家身上形成渾融無間的關係。通過學術觀點的提出，彌補書學研究視野之不足，這是對書學的補充。書法家、金石家學術交往的人際影響，其重要性不可忽視。透過金石學、古文字的研究，重建書法史觀。新的史觀既包容古典書學精神，又能繼往開來的新體系。

金石學者對文字考察，源於考證，演變為藝術實踐，形成書法創作的復古潮流。清代金石學對書法實踐的影響，一在技法觀念改變，一在工具改變。清代金石學研究成果豐富，主要在發掘古代作品，提供新觀念、建設新的書法體系。

清代金石學著述豐富，阮元的《南北書派論》、《北碑南帖論》提出新的書法史發展模式。包世臣的《藝舟雙楫》推波助瀾，極力宣揚北碑，造成風氣。劉熙載的《藝概─書概》，客觀的辨證，提升了書法美學理論的視野。道、咸以降，金石學進入鼎盛，對漢字形體的溯源，石鼓、金文大受重視。晚清康有為著《廣藝舟雙楫》，可視為中國書法理論總結的一部書。提倡尊魏卑唐，藉今文經公羊學說之微言大義，既從事政治改革，亦從事書法的革新創造。

（二）對韓、日書法界的影響

清代金石書法影響海外，朝鮮書法史上被尊為書聖的金秋史，名正喜，字之香，嘉慶十四年（1809）十月作為「冬至謝恩使」副使隨其父來中國朝貢，

在北京期間得翁方綱、阮元賞識指教，回國後致力金石考據學，汲取中國古碑刻之長，形成自己獨特面貌，稱「秋史體」。〔註14〕

日本學者藤塚鄰在其論文《清朝文化東傳之研究》一文提到究竟秋史從翁方綱處學到什麼？受到何種影響？認為對秋史的評價，大都基於中國的詩論與書論來評價秋史的藝術，這是以中國視角出發的，這種視角對秋史書藝的獨創性，有可能起到反作用。翁氏擅長金石考據，其詩書皆以理性考證認真的態度為之，未能抒發性情，在藝術境界受到侷限。翁方綱的詩學主張「肌理說」，袁枚詩學主張「性靈說」。翁方綱以學問作詩，故袁枚詩云：「天涯有客號詅癡，誤把抄書當作詩。抄到鍾嶸《詩品》日，該他知道性靈時。」〔註15〕以譏之。筆者認為韓國書聖金秋史固受翁氏影響，然其視野是開闊的。金炳基說：「秋史在朴君蕙問其學書經歷時，認為書法要超越鍾繇或索靖，就得多習北碑。要學晉書（王羲之書），不經過唐楷是不行的。」〔註16〕說明金秋史眼光是開闊的，這是韓國書藝受清代碑學影響的明證。

楊守敬東渡日本，日人方才注意碑學。楊隨身攜帶眾多碑帖，日人因此眼界大開，影響日本書風甚巨。

日本書壇有所謂「古典書法流派」，分漢字派與假名派。其中漢字派是日本書法史上歷史最悠久、實力最強的流派。可溯源到平安時期的空海、嵯峨天皇、橘逸勢。若從近代漢字派書法淵源，則是中國的北碑派，其主要代表人物是日下部鳴鶴與較古典的西川春洞兩人。

日下部鳴鶴於一八九一年遊中國，與俞曲園、楊見山、吳俊卿、吳清卿等研究討論金石及三代古器、銘文、款識，並且探討篆籀、鐘鼎，熟悟見山之隸書，及漢碑之方勁古拙。日下部鳴鶴返日後提倡碑學，影響日本甚大。

日本謙慎書道會，上承西川春洞系統，據西川寧（西川春洞之子）自述，是師從中國趙之謙、吳昌碩一路北碑篆隸書風，謙慎兩字即得自徐星洲的一方篆刻「謙慎書屋」白文印。此印是日本赴華篆刻家為西川春洞向徐星洲求印，

〔註14〕 歐陽中石等著《書法天地》（台北：台灣商務印書館，2001 年 10 月初版），頁546。

〔註15〕 周益忠撰述《論詩絕句‧袁枚〈仿元遺山論詩絕句〉》（金楓出版社，1999 年4 月 1 版），頁 148。

〔註16〕 金炳基〈中國詩及書論對朝鮮書法家金正喜（秋史）書藝轉變的影響〉收錄於華人德、葛鴻禎、王偉林主編《明清書法史學術研討會論文集》（上海：上海古籍出版社，2008 年 7 月 1 版），頁 293。

「謙慎」名稱因此沿用下來。〔註17〕日本書家西川寧〈戊申自述〉：

> 我對趙之謙的崇拜，可謂深入到一點一畫，無不求似的地步，稍差
> 絲毫就感到由衷的不滿意。我非常嚮往成為趙之謙的奴隸，又刻了
> 一方「趙家之狗」的印章以明其志。〔註18〕

此〈戊申自述〉真是謙慎到不可思議，謙慎書道會在西川寧與豐道春海的推動下，是日本關東書壇的重鎮、核心。

中國北碑派書法家，如金農、鄧石如、伊汀州、趙之謙、楊守敬、吳昌碩諸大師書法飲譽日本，日人對金石書道之熱衷，也可見清代篆隸北碑對日本書法的影響。

三、詩詠清代篆隸名家

研究完清代篆隸名家，發覺清代篆隸書家個個都是飽學之士，正所謂真正的書法家，沒有一個不是飽學之士。不是經學家、詩人、學者、畫家就是文字學家、篆刻家、金石家，甚至詩、書、畫、印兼通者亦不計其數。篆隸名家天資既高，學力又深，加以勤奮鑽研的精神，實令筆者敬佩。特為這十三位清代篆隸名家，各作七絕一首以頌讚之。

詠鄭簠

> 清朝漢隸開新頁，凍雨尋碑稽古深。
> 倡導之功推鄭簠，揮毫敬慎得吾心。

詠王澍

> 探入精髓意出新，虛舟題跋學書津。
> 勻圓瘦勁參差訣，小篆清初第一人。

詠金農

> 金農遊跡半天下，渴筆八分世所無。
> 怪底師碑偏善變，詩名早播越群儒。

詠桂馥

> 明經致用倡功深，著述說文義證心。
> 晚學讀來堪醒睡，真傳漢隸正宗音。

〔註17〕陳振濂《現代日本書法大典》（河南：美術出版社，2000 年 2 月 1 版），該書
　　　 無頁數，見於第二章第一節古典主義流派。
〔註18〕陳振濂《現代日本書法大典》第二章第一節古典主義流派。

詠鄧石如

　　毅力超人最可欽，臨摹八載奠基深。

　　印從書出剛而健，黑白當真藝道鍼。

詠伊秉綬

　　分書博大見雄姿，審美情欣結構奇。

　　得意衡方形簡拙，忠誠若昧作箴規。

詠陳鴻壽

　　詩書畫印一高才，隸體形奇古拙來。

　　茶具紫砂稱巧藝，造壺美學曼生開。

詠吳熙載

　　輕鬆澹蕩境高奇，吳帶當風秀美姿。

　　九問世臣書法進，平心靜氣厚渾期。

詠何紹基

　　六十專攻漢隸碑，蝯翁迴腕出新奇。

　　修心體道融通後，筆墨淋漓不可思。

詠楊沂孫

　　歷劫不磨深自信，在昔篇章證古深。

　　兼融二篆生新意，初學臨之最入心。

詠趙之謙

　　坎坷人生經歷早，悲盦際遇實堪憐。

　　才高學博偏無遇，幸有詩書得印詮。

詠吳大澂

　　商周鼎器字難明，篆籀清卿享盛名。

　　古樸金文龍德美，書風大氣冠書英。

詠吳昌碩

　　石鼓圓渾勁難求，專攻獵碣卅春秋。

　　詩書畫印皆融入，老辣雄渾震九州。

四、建議（未來努力方向）

　　書法追求新變，變化之法，不外乎質變與形變。質變的重點在追求骨力、古拙、精神氣韻。骨力、古拙有賴於篆、隸、北碑的學習，精神氣韻則有賴

學問的深化方能提升書法的質感。形變是指肥瘦、姿態、造形等形式的變化。這要融會百家,講求章法、結字造型,方能創出新的形式。窮研各體,貫通古今,變化斯出。

孫過庭所謂:「心不厭精,手不忘熟,若運用盡於精熟,規矩闇於胸襟,自然容與徘徊,意先筆後;瀟灑流落,翰逸神飛。」〔註19〕精熟屬技巧範圍,固然可假以時日,不斷磨練,而「規矩」與「胸襟」卻要學養來充實。大陸書家沈鵬指出:「中國書法重視形式美,但不是簡單的構成、結構的美,中國書法如果失去深廣的哲學、美學底蘊,便失去了靈魂。」〔註20〕也就是說追求形式美,不能喪失主體性與人文精神。

包世臣主張的「用逆、鋪毫、中實、氣滿」到何紹基的「生、拙、遲、澀」,趙之謙的「波挑、飛揚」。吳昌碩的「血肉飽滿」和康有為的「萬毫齊力」。其美學根源都來自篆隸技法的領悟、實踐體驗以及傾注濃郁的文化素養。

清代的篆書家大多是篆刻家,書法與篆刻觀念結合,產生了「書從印入、印從書出」的理論。由新出土文字,考釋出的古文字用於書法創作。晚清對金文研究,不論創作實踐或書論研究,成果斐然。建議書法愛好者,能夠理論與實踐並行,多利用學術界研究成果,如已考釋出的寶貴文字資料,精研的藝術理論,名家新變的方法,結合個人性情,進行藝術創作。

清末康有為等人已感受到純粹學碑,有其侷限,楊守敬、沈曾植等人早已率先從事碑帖結合的嘗試,提出「碑帖結合」的主張,並率先實踐,這是一條書法創作的大道。篆隸楷行草各種字體,各有其美學範疇,若缺少研究某一書體,美學上難免有其缺憾。如寫楷書,沒寫過行書則難以生動,沒寫過隸書,則楷書線條質感缺乏古意。創作前各體均應有所涉獵,有廣泛的書法學識,然後進行創作。

清人學隸,上溯古法,再現風采,清人隸書滲入太多古代學問,除書家個性外,滲入各種字體筆法,使我們無法真正認識漢隸情況。漢碑屬於官方正式的字體,較為莊重端嚴。漢簡則是民間通行的字體,較為流暢自然。有賴於二十世紀七十年代,秦漢簡的不斷出土,相互參酌印證,使我們能更清楚認識漢隸。

〔註19〕孫過庭《書譜》(台北:金楓出版社印行,1999 年 4 月 1 版),頁 108。
〔註20〕沈鵬〈傳統與一畫〉刊於《中國書法》2003 年第 6 期。

　　清代簡牘尚未出土，已出土的簡牘是手寫墨迹，其價值已超越所謂墨皇本的平復帖。簡牘在當時不是官方代表書體，多用於日常生活，書寫較為自由、輕鬆、率意，視覺效果較為強烈，筆致質樸，結體多變錯落有致，章法基本上是無規則排列。

　　因此學習漢碑，書寫時不要因碑刻剝蝕而運筆故作顫抖，使筆畫流入刻意的鋸齒狀，正所謂結體要學漢碑，而筆法不仿參考漢代簡牘寫法。運筆保持正常的書寫速度與連慣性，使節奏分明，且借鑒漢簡墨迹用筆的特點，與線條的細微變化，真實反映毛筆運筆情況。

　　一個時代的學術，對書法藝術或多或少產生影響，清代書法在二王書法傳統壟斷一千多年後，碑學在清代崛起，成為二王外新的書法潮流，這是清代書法最顯著的特點。在清初傅山論述書法時，就把學習篆隸作為書法藝術的不二法門，直開碑學思想的先河。碑學是與金石學、文字學息息相關的，沒有考據、訓詁的樸學作為文化背景，就不可能產生碑學，沒有乾嘉時期的訪碑熱潮、士大夫遊宦的風行，彼此切磋研究，篆、隸、碑學的書寫就不可能蔚為風氣，這與當時段玉裁、桂馥、王筠、朱駿聲等的《說文研究》是分不開的。清末楊沂孫撰《在昔篇》，吳大澂著《說文古籀補》，吳昌碩對金文、石鼓文等大篆的狂熱書寫，加上西洋照像放大技術的傳入中國，臨寫金文有很大的幫助與當時對先秦文字研究，亦不無關係，可印證書法發展和學術研究密切相關。

　　清代篆隸名家甚多，研究過程中覺得張廷濟、朱為弼、莫友芝、楊峴、徐三庚、俞樾、楊守敬、沈曾植等篆隸書家風格亦甚可觀，值得將來後續研究。

參考文獻（書目）

一、一般參考文獻（按姓氏筆劃排列）

1. 丁福保《六祖壇經箋註》，（台北：觀世音雜誌社）。

2. 王財貴《老子莊子選》，（台北：讀經出版社，2002 年 7 月出版）。

3. 王船山《張子正蒙註》，（台北：花木蘭文化出版社，2008 年）。

4. 王夫之《讀通鑑論卷六》，（台北：河洛圖書出版社，1976 年 3 月初版）。

5. 王念孫《廣雅疏證‧自序》，（北京：中華書局，2008 年 7 月初版）。

6. 王弘撰《砥齋集》，（《續修四庫全書》第 1404 冊，卷 8 下）。

7. 王國維《人間詞話》，（台灣開明書店，1989 年 1 月出版）。

8. 王國維《觀堂集林上、下》，（河北教育出版社，2001 年 11 月 1 版）。

9. 王筠《清治堂文集》，（濟南齊魯書社，1987）。

10. 王朝聞《美學概論》，（人民出版社，2004 年 3 月 2 刷）。

11. 方朔《枕經堂金石題跋》，（台北：學海出版社，1977 年 4 月初版）。

12. 孔憲彝《韓齋文集卷四‧永平縣知縣桂君未谷墓表》，（咸豐刻本）。

13. 包世臣《藝舟雙楫‧完白山人傳》，（台北：華正書局，1990 年 5 月初版）。

14. 牟宗三《中國哲學十九講》，（台灣學生書局，2002 年 8 月 9 刷）。

15. 余英時《歷史與思想》，（台北：聯經出版社，1975 年）。

16. 朱彝尊《曝書亭集‧卷十‧贈鄭簠》，（清康熙五十年刻本）。

17. 李漁《笠翁詩集卷六》，〈清世德堂刻本〉。

18. 何紹基《東洲草堂詩集‧附錄二序跋‧使黔草鄔鴻逵敘》。

19. 林同華編《宗白華全集》，（安徽教育出版社，2008 年 5 月 2 版）。

20. 林啟彥《中國學術思想史》，（台北：書林出版公司，2003 年 9 月 8 刷）。

21. 吳振棫《養吉齋餘錄》，（北京：古籍出版社，1983 年 12 月）。

22. 吳大澂《說文古籀補‧潘祖蔭說文古籀補敘》，（國立台中教育大學圖書館藏書）。

23. 吳修《昭代尺牘小傳》，（明文書局印行，1985 年）。

24. 胡楚生《清代學術史研究》，（台北：學生書局，1993 年 3 月初版）。

25. 周憲《美學是什麼？》，（台北：揚智文化事業，2002 年 11 月）。

26. 周益忠《論詩絕句》，（金楓出版社，1999 年 4 月 1 版）。

27. 周世輔《中國哲學史》，（台北：三民書局，1990 年 8 月 6 版）。

28. 孟穎集註《六祖壇經》，（台南：靝巨書局，1982 年 2 月出版）。

29. 孟森《明清史講義》，（台灣古籍出版有限公司，2006 年 3 月初版）。

30. 洪亮吉《洪亮吉集》，（北京：中華書局，2001 年）。

31. 桂馥《晚學集》，（北京：中華書局，1985 年 1 版）。

32. 姜一涵《石濤畫語錄研究》，（中國文化大學出版部）。

33. 韋慶遠《禍由筆墨生‧明清文字獄》，（台北：萬卷樓圖書有限公司，2000 年 8 月）。

34. 唐浩明評點《曾國藩家書》，（台北：麥田出版 2 月初版）。

35. 納新《粵雅堂叢書‧河朔訪古記》，（藝文印書館印行，1965 年）。

36. 班固《漢書‧藝文志》，（台北：鼎文書局，1981 年）。

37. 馬一浮《馬一浮集》，（浙江：古籍出版社，1996 年 10 月 1 版）。

38. 許慎《說文解字》，（台北：世界書局，1979 年 10 月 3 版）。

39. 章學誠《文史通義》，（廣文書局，1981 年 8 月再版）。

40. 梁章鉅《退庵隨筆卷二十二》，《續修四庫全書 1197 冊》，（上海：上海古籍出版社）。

41. 梁啟超《清代學術概論》，（台北：台灣商務印書館發行，1994 年 1 月台二版）。

42. 梁啟超《中國近三百年學術史》，（台北：里仁書局，2000 年 5 月 2 刷）。

43. 陳澧《東塾集卷四‧與趙子韶書》，（台北：華文書局，出版年不詳影印）。

44. 陳祖武《清史論叢‧第 6 輯》，（台北：文津出版社，1985 年）。

45. 陳祖武《清初學術思辨錄》，（中國社會科學出版社，1992 年）。

46. 黃宗羲《明儒學案》，（台北：世界書局印行，1984 年二月四版）。

47. 勞思光《新編中國哲學史三下》，（台北：三民書局，2003 年 11 月 2 版）。

48. 傅山《霜紅龕集·卷廿五》，（台北：漢華文化事業有限公司，1971 年 8 月出版）。

49. 張舜徽《清人文集別錄道光刻本》，（台北：明文書局，1982 年 2 月初版）。

50. 張君勱《新儒家思想史》，（台北：弘文館出版社，1986 年）。

51. 楊東蓴《中國學術史講話》，（北京：東方出版社，1996 年 3 月 1 版）。

52. 劉貫文、張海瀛、尹協理主編《傅山全書》，（太原：山西人民出版社，1991 年 5 月）。

53. 薛永年《揚州八怪考辨集》，（江蘇：美術出版社，1992 年）。

54. 錢穆著《中國近三百年學術史》，（台北：台灣商務印書館，1996 年 7 月 2 版）。

55. 戴震《戴震文集》，（台北：河洛圖書出版社，1975 年 10 月初版）。

56. 龍振球、何書置校點《何紹基詩文集》，（長沙：岳麓書社，1992 年）。

57. 蕭子顯《南齊書》，（藝文印書館乾隆武英殿刊本影印）。

58. 閻若璩《潛邱雜記》，（清刻本）。

59. 韓天衡《歷代印學論文選》，（杭州：西泠印社，2006 年 6 月 3 刷）。

60. 韓天衡《歷代印學論文選上、下冊》，（杭州：西泠印社，1999 年 8 月第 2 版 1 刷）。

61. 嚴羽《滄浪詩話》，（台北：里仁書局，1987 年 4 月初版）。

62. 顧廷龍《愙齋先生年譜》，（台北：文海出版社，1965 年 6 月出版）。

63. 顧炎武《顧亭林文集》，（台北：三民書局，2000 年 5 月初版）。

64. 顧炎武《顧亭林詩文集》，（台北：漢京文化事業出版 1984 年 3 月）。

65. 《清史稿校註第十四冊》，（台北：國史館印行，1990 年 2 月出版）。

66. 《清史稿·儒林傳三·王筠傳》，（台北：博愛出版社，1983 年 9 月初版）。

67. 《康熙起居注冊》，（三十八年三月十五日條臺北故宮藏本）。

二、書法參考文獻（按姓氏筆劃排列）

1. 丁文雋《書法精論》，（北京：中國書店，1983 年版）。

2. 丁建順《筆墨煙雲·中國古代審美評說》，（天津百花文藝出版社，2008 年 10 月）。

3. 王澍《論書賸語》，《四庫全書·文淵閣本》。

4. 王冬齡《清代隸書要論》，（上海書畫出版社，2003 年 12 月 1 版）。

5. 王壯為《書法叢談》，（台北：中華叢書編審委員會，1965 年 6 月印行）。

6. 王勝泉《風格技法篇》，（上海書畫出版社，2000 年 12 月）。

7. 王益知《藝林叢錄・第六輯》，（台北：谷風出版社，1986 年 9 月）。

8. 王益知《名家談書法・漫談清代的篆書》，（香港商務印書館 2001 年 7 月 1 版）。

9. 王家誠《趙之謙傳》，（台北：國立歷史博物館 2002 年 4 月）。

10. 王朝賓編《民國書法》，（河南：美術出版社，1989 年 6 月 1 版）。

11. 王國維編《清代金文著錄表》，（北京：圖書館出版社，2003 年 9 月 1 版）。

12. 朱仁夫《中國古代書法史》，（北京：大學出版社，1992 年 6 月 1 版）。

13. 朱玄《金冬心評傳》，（台北：正中書局，1981 年 1 月）。

14. 朱劍心《金石學》，（台北：台灣商務印書館，1995 年 7 月 2 版）。

15. 弘濤《中國書法構圖藝術》，（湖南人民出版社，2001 年 9 月 1 版）。

16. 沙孟海《沙孟海論書文集》，（上海：書畫出版社，1997 年）。

17. 沙孟海《論書叢稿・近三百年書學》，（上海書畫出版社，1987 年 3 月 1 版）。

18. 何書置《何紹基書論選注》，（台北：蕙風堂出版社，1993 年 1 月版）。

19. 何紹基《東洲草堂金石跋》，（台北：學海書局，1981 年 11 月初版）。

20. 李剛田《中國篆刻技法全書》，（杭州：西泠印社，2009 年 1 月 1 版）。

21. 李放《皇清書史・卷 29》，《清代傳記叢刊》，（明文書局，1986 年）。

22. 吳大澂《吳愙齋尺牘・之二》，（商務印書館石印本 1919 年）。

23. 沈曾植《海日樓雜叢》，（遼寧教育出版社，1998 年 3 月 1 版）。

24. 沃興華《插圖本・中國書法史》，（上海：上海古籍出版社，2001 年 7 月 1 版）。

25. 沃興華《中國書法篆刻簡史》，（上海：上海古籍出版社，2010 年 3 月）。

26. 金丹《中國書法家全集・伊秉綬、陳鴻壽》，（河北教育出版社，2006 年 12 月出版）。

27. 金丹《包世臣書學批評》，（北京：榮寶齋出版社，2007 年 12 月 1 版）。

28. 金農《冬心集拾遺・邰陽褚俊飛白歌》，（清光緒六年錢塘丁氏重刊本《當歸草堂叢書》本。）。

29. 金學智《中國書法美學上、下冊》，（江蘇文藝出版社，1997 年 10 月）。

30. 金學智《書概評注》，（上海書畫出版社，2007 年 7 月 1 版）。

31. 金開誠、王岳川《中國書法文化大觀》，（北京：大學出版社，1995 年 1 月 1 版）。

32. 周俊杰《全國隸書學術討論會論文集》，（河南：美術出版社，1998 年 12 月 1 版）。

33. 林進忠《隸書》，（台北：國立台灣藝術教育館，1997 年 4 月初版）。

34. 吳昌碩《二十世紀書法經典·吳昌碩》，（河北教育出版社，1996 年 1 月）。

35. 季伏昆編《中國書論輯要》，（江蘇：美術出版社，2000 年 12 月）。

36. 姜壽田《中國書法批評史》，（中國美術學院出版社，2000 年 4 月 3 刷）。

37. 姜壽田《中國書法理論史》，（中國美術學院出版社，2009 年 6 月 2 刷）。

38. 姜澄清《中國書法思想史》，（河南：美術出版社，1997 年 7 月 2 刷）。

39. 姜一涵《書道美學隨緣談一》，（台北：蕙風堂筆墨有限公司，2001 年 4 月初版）。

40. 姜一涵《書道美學隨緣談二》，（台北：蕙風堂筆墨有限公司，2001 年 4 月初版）。

41. 茅子良編《申生·吳昌碩流派印風》，（重慶出版社，1999 年 12 月 1 版）。

42. 范正紅《中國書法家全集·金農》，（河北教育出版社，2003 年 6 月出版）。

43. 祝嘉《藝舟雙楫疏證》，（台北：華正書局，1990 年 5 月 1 版）。

44. 祝嘉《書學史》，（湖南嶽麓書社，2011 年 2 月 1 版）。

45. 祝敏申《大學書法》，（台北：丹青圖書有限公司，1986 年 1 版）。

46. 侯開嘉《中國書法史新論》，（上海：上海古籍出版社，2009 年 8 月第 2 版）。

47. 馬琳、邵捷《何紹基》，（台北：石頭出版社，2006 年 8 月）。

48. 馬宗霍《書林藻鑑》，（台北：世界書局，1982 年 5 月 2 版）。

49. 馬宗霍《書林紀事卷二》，（北京：文物出版社，2003 年 12 月 2 刷）。

50. 馬衡《凡將齋金石叢稿·中國金石學概要》，（台北：明文書局，1981 年 9 月初版）。

51. 高明一《中國書法簡明史》，（台北：雄獅美術，2009 年 5 月出版）。

52. 高惠敏《趙之謙印譜·前言》，（中國書店，2007 年 1 月）。

53. 孫過庭《書譜》，（王仁均撰述），（台北：金楓出版社，1999 年 4 月 1 版）。

54. 徐珂《清稗類鈔·藝術類》，（台北：台灣商務印書館，1983 年 10 月台 2

版）。

55. 徐復觀《中國藝術精神》，（台北：學生書局，1998 年 5 月 12 刷）。

56. 徐利明《王澍書論》，（江蘇：美術出版社，2008 年 1 月）。

57. 徐利明《中國書法風格史》，（河南：美術出版社，1997 年 11 月 2 刷）。

58. 崔爾平編《歷代書法論文選續編》，（上海：書畫出版社，1999 年 11 月）。

59. 崔爾平《明清書法論文選》，（上海書店出版社，1994 年 2 月 1 版）。

60. 崔偉《中國書法家全集・何紹基》，（河北教育出版社，2002 年 5 月 1 版）。

61. 梅墨生編《吳昌碩》，（藝術家出版社，2003 年 1 月初版）。

62. 梅墨生《中國名畫家全集・吳昌碩》，（河北教育出版社，2002 年 3 月 1 版）。

63. 章祖安編《二十世紀書法經典・陸維釗》，（河北教育出版社，1996 年 12 月）。

64. 陳方既《中國書法美學思想史》，（北京：人民美術出版社，2009 年 1 月 1 刷）。

65. 陳振濂《中國書畫篆刻品鑑》，（北京：中華書局，1997 年 4 月 1 版）。

66. 陳振濂《品味經典・談中國書法史》，（浙江：古籍出版社，2006 年 11 月 1 版）。

67. 陳振濂《書法史學教程》，（中國美術學院出版社，1997 年 7 月二刷）。

68. 陳振濂《中國書法發展史》，（天津：古籍出版社，1998 年）。

69. 陳振濂《近現代書法史》，（天津：古籍出版社，1998 年 10 月 1 版）。

70. 陳振濂《書法學》，（台北：建宏出版社，1994 年 4 月初版）。

71. 陳振濂《歷代書法欣賞》，（台北：蕙風堂印行，1991 年 7 月 1 版）。

72. 陳方既、雷志雄《書法美學思想史》，（河南：美術出版社，1997 年 7 月 2 刷）。

73. 笪重光《書筏》，收錄於《美術叢書初集第一集》。

74. 梁啟超《清代學術概論》，（台北：里仁書局，2000 年 5 月初版）。

75. 梁章鉅《吉安室書錄卷七・王澍》，（上海：人民美術出版社，2003 年 8 月 1 版）。

76. 梁章鉅《中國書畫全書・退庵所藏金石書畫跋尾》，（上海：書畫出版社，1999 年）。

77. 啟功《論書絕句》，（北京：三聯書店，2002 年 7 月 1 版）。

78. 啟功《古代字體論稿》，（北京：文物出版社，1999 年 3 月 2 版）。

79. 康有為《廣藝舟雙楫》，（台北：華正書局，1985 年 2 月初版）。

80. 康有為《廣藝舟雙楫》，（台北：金楓出版社，1999 年 4 月 1 版）。

81. 夏宗禹編《馬一浮遺墨》，（北京：華夏出版社，1999 年 1 月版）。

82. 黃惇《風來堂集》，（北京：榮寶齋出版社，2010 年 6 月 1 版）。

83. 黃惇《中國書法全集·金農、鄭燮卷》，（北京：榮寶齋出版社，1997 年版）。

84. 黃惇《中國古代印論史》，（上海：書畫出版社，1994 年 6 月 1 版）。

85. 黃簡《歷代書法論文選》，（上海：書畫出版社，2000 年 12 月 4 刷）。

86. 傅申《書史與書蹟·傅申書法論文集（二）》，（國立歷史博物館印行，2004 年 7 月）。

87. 單志良《鄧石如》，（台北：石頭出版社，2005 年 8 月）。

88. 單國強《清代書法》，（香港：商務印書館 2001 年 12 月 1 版）。

89. 單國強主編《清代書法》（上海：科學出版社，2001 年 12 月 1 版）。

90. 華人德《歷代筆記書論彙編》，（江蘇教育出版社，2001 年 2 月 2 刷）。

91. 華人德、葛鴻楨、王偉林主編《明清書法史學術研討會論文集》，（上海：上海古籍出版社，2008 年 7 月 1 版）。

92. 舒文揚《趙之謙經典印作解析》，（重慶出版社，2006 年 5 月 1 版）。

93. 張光賓《中華書法史》，（台北：台灣商務印書館，1981 年 12 月初版）。

94. 楊素芳、后東生《中國書法理論經典》，（河北：人民出版社，1998 年 8 月 1 版）。

95. 楊守敬《書學邇言》，（台北：華正書局，1984 年 2 月初版）。

96. 楊守敬《激素飛清閣·評碑評帖記》，（湖北省博物館 1987 年 10 月出版）。

97. 熊秉明《中國書法理論體系》，（谷風出版社，1987 年 11 月）。

98. 震鈞編《國朝書人輯略》，（文史哲出版社，1983 年 6 月再版）。

99. 葉昌熾《語石》，（台北：台灣商務印書館特四三）。

100. 歐陽中石《書法天地》，（台北：台灣商務印書館，2001 年 10 月初版）。

101. 劉恆《中國書法史·清代卷》，（江蘇教育出版社，1999 年 10 月 1 版）。

102. 劉正成《書法藝術概論》，（北京：大學出版社，2008 年 7 月 2 刷）。

103. 劉正成《中國書法全集·70 何紹基卷》，（北京：榮寶齋出版社，1997 年 10 月 2 刷）。

104. 劉正成《中國書法全集‧71 趙之謙卷》，（北京：榮寶齋出版社，2004 年 5 月）。

105. 劉江《中國書法全集‧77‧吳昌碩書法評傳》，（北京：榮寶齋出版社，2004 年）。

106. 劉熙載《藝概‧書概》，（台北：金楓出版社，1998 年 7 月 1 版）。

107. 蔣寶齡《墨林今話‧卷十》，《清代傳記叢刊》，（明文書局印行）。

108. 鄭杓《衍極‧卷五》，《美術叢書‧第四集第九輯》。

109. 穆孝天、許佳瓊《鄧石如世界》，（台北：明文書局，1990 年 4 月）。

110. 顧藹吉《隸辨》，（台北：世界書局，1977 年 12 月 4 版）。

111. 錢詠《履園叢話》，（北京：中華書局，1979 年 1 版）。

112. 龔鵬程《書藝叢談》，（宜蘭：佛光人文社會學院出版，2001 年 6 月 1 版）。

113. 錢君陶《豫堂手稿‧略論吳昌碩》，（西泠印社出版社，2008 年 8 月）。

三、外國文獻類

1. Jean-LucChalumea《藝術解讀》王玉齡譯，（台北：遠流出版社，1996 年 6 月 1 版）。

2. （法）布豐（Georges Louis Leclere de Buffon）1753 年在法蘭西學院入院儀式講演《風格論》。

3. （日）神田喜一朗《書道全集‧第十三卷》，洪惟仁譯（台北：大陸書店，1989 年 1 月出版）。

4. （日）貝塚茂樹《書道全集‧第十四卷》，洪惟仁譯（台北：大陸書店，1989 年 1 月出版）。

5. （日）金道友信《東西哲學美學比較》，李心峰等合譯（中國人民大學出版社，1991 年）。

6. （日）青山杉雨《明清書道圖說》，（日本二玄社，1986 年）。

7. （日）稻葉君山《清朝全史》，（上海：社會科學院出版社，2006 年 3 月 1 日）。

8. （日）謙慎書道會編《吳讓之書畫篆刻》，（二玄社，1978 年刊行）。

9. （德）叔本華（Arthur Schopenhauer）《美學隨筆》，韋啟昌譯（上海人民出版社，2009 年 1 月 1 版）。

10. （匈）阿諾德‧豪澤（ArnordHauser）《藝術社會學》，居延安譯（台北：

雅典出版社，1988）。

四、學報期刊論文（按姓氏筆劃排列）

1. 王冬齡〈金冬心的書法藝術〉刊於《書譜・第六卷總三十五期》。

2. 王冬齡〈碑學巨擘鄧石如〉刊於《書譜・三十九期》，（1981 年 4 月）。

3. 王冬齡〈陳曼生的書法篆刻藝術〉刊於《書論合訂本第十卷》。

4. 何懷碩〈風格的誕生〉刊於《藝術家》雜誌（1979 年）。

5. 伊秉綬《留春草堂詩抄》刊於《書譜五十一期》。

6. 朱樂朋，〈論桂馥的書法成就〉刊於《書畫世界》，（2010 年 11 月號）。

7. 邢光祖〈論中西繪畫的比較〉刊於（菲律賓大中華日報，六十三年四月十一日）。

8. 李良〈楊沂孫西銘讀後〉刊於（崑崙堂，2005・02 總第 12 期）。

9. 沈德傳〈老書生曹秋圃・書道禪〉刊於（雄獅美術，1983 年 6 月號，第 148 期）。

10. 沈鵬〈傳統與一畫〉刊於《中國書法》，（2003 年第 6 期）。

11. 吾丘衍〈學古篇〉刊於《歷代印學論文選》，（杭州：西冷印社，2006 年 6 月 3 刷）。

12. 金學智〈吳昌碩與石鼓文〉刊於《西冷藝叢》，（1984 年 7 月第 9 期）。

13. 馬國權〈清代篆書概論上〉刊於（1988 年第 1 期總第 80 期）。

14. 馬國權〈清代篆書概論下〉刊於《書譜・1988 年第 2 期總第 81 期》。

15. 馬國權〈趙之謙及其藝術〉刊於《書論・第十卷》。

16. 馬國權〈繆篆及其形體初探〉刊於《書譜・第六卷第一期總 32 期》。

17. 崔詠雪《國際書法文獻展——文字與書寫・書法的變革》，（國立台灣美術館出版）。

18. 崔樹邊〈宋、清兩代金石學對書法的影響及其背景分析〉刊於《書法研究》，（上海：書畫出版社，2002 年 5 月）。

19. 郭名詢〈清代金石學發展概況與特點〉刊於《學術論壇》，（2005 年第 7 期總第 174 期）。

20. 陳欽忠〈何紹基書學中的顏體內涵及其效應〉刊於《何紹基海峽兩岸學術研討會論文集》。

21. 陳方既〈關於風格的思考〉刊於《書法研究》，（1998 年第三期）。

22. 陳道義〈略論楊沂孫的篆書藝術〉刊於《中國書法》，(2007 年 8 月)。

23. 陳捷先撰〈康熙皇帝與書法〉刊於《故宮學術季刊・第十七卷・第一期》。

24. 梅蕚華〈乾嘉八隸〉刊於《書譜第三卷之三・總第十六期》。

25. 翁方綱〈桂馥續三十五舉序〉刊於《書譜總第 68 期・1986 年第一期》。

26. 陰勝國〈王澍前碑學審美思想探析〉刊於《書畫藝術學刊第八期》。

27. 莊永固〈漢隸的轉化與運用〉刊於《書畫藝術學刊第七期》。

28. 黃源《書法講座・第十三講》，(廣西師範大學出版，2007 年 9 月 1 版)。

29. 張麗珠〈清代考據學為什麼興起〉刊於《故宮學術季刊第十五卷第一期》。

30. 楊丹霞〈雍正皇帝書法管窺〉刊於《兩岸故宮第一屆學術研討會論文集》。

31. 靳永《楊沂孫・在昔篇》，(山東畫報出版社，2009 年 5 月 1 日)。

32. 趙之謙〈章安雜說〉刊於《書譜 1986 年第 5 期總第 72 期》。

33. 趙而昌〈趙之謙年表序〉刊於《書論第十卷》。

34. 劉正成〈審美、創作、展示〉刊於《中國書法》1998 年第 2 期。

35. 鄭麗芸〈吳大澂大篆賞析〉刊於《書與畫》，(總第 21 期 1998 年上海書畫出版社)。

36. 蔣文光〈何紹基的書法藝術〉刊於《書譜五十三期》。

37. 蕭翰〈吳大澂篆書藝術探究〉刊於《中國書畫報》，(2009 年第 101 期總第 1947 期)。

38. 薛龍春〈激賞與嘲弄：清初鄭簠的遭遇〉www.yingbishufa.com/YANJIU/shulun026.htm

五、學位論文（按姓氏筆劃排列）

1. 白砥《金石氣論》，(中國美術學院碩士論文，1990 年 7 月)。

2. 何孟侯《何紹基及其書法研究》，(私立文化大學，1998 年碩士論文)。

3. 李彥樺《吳大澂《愙齋尺牘》及書風研究》，(國立台灣師範大學・美研所美術史組民國 2004 年碩士論文)。

4. 金丹《包世臣書學批評》，(美術學博士論叢)，(北京：榮寶齋出版社，2007 年 12 月 1 版)。

5. 金美京《清代篆書風格研究》，(國立台灣師範大學，美研所美術史組，2005 年碩論)。

6. 洪嘉勇《趙之謙書法藝術研究》，(國立中興大學中國文學系，2007 年碩

士論文）。

7. 翁毓濤《伊秉綬書法風格研究》（國立新竹教育大學，美勞教育研究所，碩士論文）。

8. 姚吉聰《清代後期篆書造型研究》，（私立明道大學，2007 年碩士論文）。

9. 陳秀雋《沈曾植書法藝術研究》，（國立中興大學中國文學系，2002 年碩士論文）。

10. 劉家華《金農書法風格研究》，（國立新竹教育大學，美勞教育系碩士論文 2004 年 1 月）。

11. 張致苾《金農書法研究》，（國立中興大學中國文學系，2003 年碩士論文）。

12. 張小庄《趙之謙研究》，（美術學博士論叢），（北京：榮寶齋出版社，2008 年 8 月 1 版）。

13. 赫海波《清代篆書：繼承與流變》，（大陸中央美術學院，2008 年碩士論文）。

14. 廖新田《清代碑學書法研究》，（國立台灣師範大學，1992 年 6 月碩士論文）。

15. 薛龍春《鄭簠研究》，（美術學博士論叢），（北京：榮寶齋出版社，2007 年 12 月 1 版）。

六、工具書類（按姓氏筆劃排列）

1. 梁批雲編《中國書法大辭典》，（香港書譜出版社，1984 年 12 月 1 版）。

2. 陶明君《中國書論辭典》，（河南：美術出版社，2001 年 10 月 1 刷）。

3. 陳振濂《現代日本書法大典》，（河南：美術出版社，2000 年 2 月 1 版）。

4. 齊淵編《金農書畫編年圖目上、下》，（上海：上海古籍出版社，2005 年 11 月 1 版）。

5. 齊淵編《趙之謙書畫編年圖目上、下》，（上海：上海古籍出版社，2005 年 11 月 1 版）。

6. 劉正成《中國書法鑑賞大辭典》，（台北：旺文出版社）。

7. 漢籍電子文獻資料庫——《清史稿·列傳，485 卷》。

8. 民國《吳縣志第二十二卷》載〈古代人物傳略 138 吳大澂〉。

9. 《辭海》上、下冊，（台灣中華書局印行，1968 年 4 月）。

10. 百度百科 baike.baidu.com/view/135862.htm。

11. 《浙江省博物館藏書畫精品選》，（南寧：廣西美術出版社，2000 年）。

12. 林釜生、溫進《中國書法經典作品章法解讀·篆書卷》（廣西美術出版社，2010 年 8 月）。

13. 林釜生《中國書法經典作品章法解讀·隸書卷》（廣西美術出版社，2008 年 6 月）。

七、碑帖（按姓氏筆劃排列）

1. 王澍《篆書冊》，（上海書畫出版社，2006 年 1 月 1 版）。

2. 白砥、毛萬寶編《中國書畫藝術圖典》，（上海書畫出版社，2001 年 5 月）。

3. 西川寧《書道講座·篆書》，（日本二玄社，1988 年 5 月）。

4. 西川寧《書道講座·隸書》，（日本二玄社，1988 年 5 月）。

5. 何紹基《何紹基集》，（日本二玄社中國法書選 57，1988 年 2 月）。

6. 金農漆書《相鶴經》刊於《浙江博物館館藏精品》。

7. 金其楨《中國碑文化》，（重慶出版社，2002 年 1 月 1 版）。

8. 洪惟仁譯《書道全集·13 卷明 2 清 1》，（大陸書店，1989 年 1 月）。

9. 洪惟仁譯《書道全集·14 卷清 2》，（大陸書店，1989 年 1 月）。

10. 邵旭閔《伊秉綬隸書字帖》，（杭州：西泠印社，2001 年 8 月 2 刷）。

11. 吳熙載《吳熙載集》，（日本二玄社中國法書選 58，1988 年 2 月）。

12. 吳昌碩《吳昌碩集》，（日本二玄社中國法書選 60，1988 年 2 月）。

13. 翁志飛《篆隸技法教程》，（上海人民美術出版社，2010 年 8 月 1 版）。

14. 孫過庭《書譜》，（日本二玄社中國法書選 38，1988 年 2 月）。

15. 單國強《清代書法──故宮博物院藏珍品大系》，（香港商務印書館 2001 年 12 月）。

16. 渡邊隆男《中國法書選》，（日本二玄社，1988 年 5 月）。

17. 陳大中《隸書教程》，（中國美術學院出版社，1992 年）。

18. 傅山《傅山集》，（日本二玄社中國法書選 55，1988 年 2 月）。

19. 楊沂孫《張橫渠先生東銘》，《蕙風堂出版 1996 年 4 月》。

20. 趙之謙《趙之謙集》，（日本二玄社中國法書選 59，1988 年 2 月）。

21. 鄧石如《鄧石如集》，（日本二玄社中國法書選 56，1988 年 2 月）。

22. 鄧石如、吳熙載、趙之謙《清人篆書三種》，（高雄：大眾書局，1982 年 10 月再版）。

23. 董文、李學勤《中國古代書法經典・篆書卷》，（祥瑞文化事業有限公司，1998 年 1 月）。

24. 董文、李學勤《中國古代書法經典・隸書卷》，（祥瑞文化事業有限公司，1998 年 1 月）。

25. 《中國篆刻名品叢刊・26 卷》，（二玄社）。

26. 《中國美術全集・清代書法》，（錦繡出版社，1989 年 8 月出版）。

27. 《中國書法全集・鄧石如 67》，（北京：榮寶齋出版社，2004 年 5 月）。

28. 《中國書法全集・何紹基 70》，（北京：榮寶齋出版社，2004 年 5 月）。

29. 《中國書法全集・趙之謙 71》，（北京：榮寶齋出版社，2004 年 5 月 1 版）。

30. 《中國書法全集・吳昌碩 77》，（北京：榮寶齋出版社，2004 年 5 月）。

31. 《中國美術全集・書法篆刻 6》，（錦繡出版社，1989 年 5 月出版）。

32. 《中國書法藝術圖典》，（上海畫報社出版 2001 年 5 月 1 版）。

33. 《中國書法》，（台北：福利出版，未載出版年月）。

34. 《清人篆書三種》（大眾書局印行，1982 年 10 月）。

35. 《篆書入門》，（台北：志明出版社，1983 年 1 月出版）。

36. 《隸書練習》，（上海：書畫出版社，2005 年 6 月）。

37. 《歷山銘》，（山東：生活日報新聞，2011 年 9 月 19 日）。